你不知道
我是谁

为什么全世界的
大作家都爱用笔名

Mario Baudino

〔意〕马里奥·鲍迪诺 著

徐嘉娜 译

北京联合出版公司
Beijing United Publishing Co.,Ltd.

SUUM CUIQVE.

VINCENTII PLACCII
Scriptores
ANONYMI & PSEUDONYMI
DETECTI.

目　录

第一章

虚假时代

　　罗曼·加里是 20 世纪法国著名的公众人物之一：他曾是战时飞行员（如圣 - 埃克苏佩里和安德烈·马尔罗一般），亦是拥护戴高乐主义的英雄；他英俊潇洒、风度翩翩、衣着考究，又暗藏着几分挑逗的意思；他魅力超凡，身边美女如云，过着常人几乎无法效仿的生活。罗曼·加里曾表示，只有性与文学能给人生带来那么一丝意义。然而，1980 年 12 月 2 日，他在巴黎巴克大街的家中，用一把手枪结束了自己传奇的一生。这一天，距离罗曼·加里第二任妻子珍·茜宝自杀的日子仅一年之隔。她是电影明星，曾在《精疲力尽》中担任女主角，并给观众留下了深刻的印象。尽管她与加里早已分居多年，但二人仍长期维持着朋友关系。

加里去世时只有66岁，他的死讯给其颇具争议的传奇一生画上了句号。或者，更确切地说，是为他自己的"整部小说"拉下了帷幕。就在自杀前的几个月，加里完成了人生的最后一部作品，并于11月30日寄给了出版商加斯东·伽利玛，希望能在自己死后出版。这部遗著的题目为《埃米尔·阿雅尔的生与死》，其尾语颇有一丝诙谐讽刺的意味："我玩腻了。谢谢，再见。"

这里提到的阿雅尔，实际上是加里在人生最后六年中使用过的笔名。阿雅尔是一位被杜撰出来的作家，但文坛中却几乎无人质疑过，也从未有人真正深入调查过。然而，加里坚信，只要有谁稍微认真阅读他的作品，这一伪装便会露出马脚。加里是一个成熟的男人，但他笔下的阿雅尔却是一位"血气方刚"的年轻人，因为在法国有一些尚未了结的官司而暂住巴西。加里凭借着1956年发表的长篇小说《天根》，一举拿下当年的龚古尔文学奖，而阿雅尔也借着《如此人生》获得了这一殊荣。曾有《快报》的一位评论记者称，这位青年作家在创作时，至少得到过加里，或者更多人的指点。换句话说，该作品是一部合著，之后的那些才是他的专著。

如今，回过头来再看此事件，不难发现它跟神秘作家费兰特的身份之谜有几分相似，这位闻名世界的意大利女作家的身份，至今仍是个谜团。坊间流传其作品均为"合著"，但如果我们进一步探究，其中又大有玄机。整部《埃米尔·阿雅尔的生与死》叙事风格显得有些玩世不恭，加里清楚地明白这一点并写到，文学正在平庸中逐渐沉沦，他试图挽救，"这是一个史无前例的过程"——起码他是这么认为的——当然，19世纪初麦克弗森编造诗人奥西恩的壮举除外。但若仔细观察加里的所作所为，便会察觉其超凡脱俗之处。

如果说麦克弗森假装发现了一个伟大却被世人遗忘的盖尔族吟游诗人，而让（18世纪末的）世界为之一振，加里则无意间开启了一个多重身份的时代。换句话说，加里曾经所做的正是当今社交媒体所为的——把鲜为人知甚至遭人厌恶的文学语言大众化，并逐渐将其融入人们的生活。我们完全可以尊称加里为虚假时代的先驱者和鼻祖，甚至连目前盛极一时的科幻小说都无法企及。他不仅在麦克弗森和费兰特之间扮演了承上启下的角色，同时也是一位不局限于诠释笔名语法和修辞的作家。加里大大超越了那被称为老把戏的艺术规则，成就了一个传奇。对于读者、记者、评论员，也就是文坛和公共舆论（有人可能不相信，但当时确实存在），他总是那么轻描淡写地说："您不知道我是谁，且永远也不会知道。与所谓的真实身份相遇是在死亡后，但那时，这真实身份似乎会变得毫无意义。"

笔名文化从未像今天这般受人欢迎。可以说，出于工作的技术原因而使用的虚假身份已俨然变为多样的大众身份：这也许事出有因，其中大多数情况与事物存在的本质有关，而非职业因素，如特工、宗教人士、演艺界人士等。后者通常会因功能或传统需求，而使用化名，一方面可起隐秘或保护作用；另一方面，可以凸显使用者的身份，如特工007或意大利的索菲亚·罗兰。

数个世纪以来，笔名对于文坛来说几乎是必不可少的，特别是那些冒着生命危险写作的政治和宗教评论家、讽刺小说家和幽默小说家，但他们中的很多人并不是出于保护自身的目的才使用笔名。萨缪尔·兰亨·克莱门便是最好的例子，其笔名马克·吐温的姓氏原是密西西比河上的水手用来测量航道水深的术语（这个计量值约为2米）。卡洛·科洛迪亦是如此。他原名为洛伦兹尼，是经典名著《木偶奇遇记》的作者，自认为是幽默小说家，实际上也的确如此。科洛迪是托斯卡纳维内利的一个小镇，是洛伦兹尼母亲的出生地。

另一个例子是约翰·勒卡雷，原名戴维·康威尔。他并不是基于审美或商业考虑才选择使用笔名的。1961年，他凭借《召唤死者》首次进入大众视野时，还任职于英国军方情报单位，出于安全原因无法使用真实姓名出版作品。三年后，著名双面间谍金·菲尔比将一份英国特工名单交给了苏联，使得约翰·勒卡雷身份暴露，他也因此改了行。而金·菲尔比随后成为约翰·班维尔经典小说《无法企及》中的文学人物。对于读者来说，此时的戴维·康威尔俨然已是勒卡雷，再用回原名会适得其反。在阿尔及利亚恐怖主义猖獗的那几年里，神秘的侦探小说作家穆罕默德·莫莱赛奥曾在军队中担任军官，为了躲避军方对书籍的审查，他使用妻子的名字"雅斯米纳·卡黛哈"作为笔名，在成名之后，仍继续沿用。

　　如今，笔名早已不再是某些特定社会阶层的特权，每个人都可以随意使用。每个人都能借助社交媒体，根据自己的意愿来展现自己，有意或无意地成为另外一个人，为自己编造虚拟的一生，尽管真实的姓名还在使用。所谓的日记综合征由此爆发，并通过网络得到强化：为了服务我们及其他人的自恋情绪，出现了越来越多的假面，尤其在那些尝试向我们出售机械金丝雀、猫粮狗粮、药品、投资基金，或是上演好笑政治闹剧（尽管在这种情况下，可能要等到几年后才会为此付出代价）的人身上。本书旨在谈论作家，而不是强调社交媒体作为一个有力的民主工具的作用，更不会在陈词滥调上过多停留，即使有很多材料。众所周知，笔名是一种大众仪式。那么，这又是怎样一种仪式呢？

乍看起来，这种仪式与文学中出现的平行现象大相径庭——它具有自己的传统、历史、动机以及不同的作用和特殊的目的。没有人会感到震惊，如果发现一个昵称背后藏着的是某位著名狂热政治家的妻子；又或者看似是在世界上某个偏僻角落积极抗争的民权活动人士，实际上是一位在伦敦郊区小屋中发帖子和推文的文雅绅士，并且只会在逛酒吧或超市时才出门。埃琳娜·费兰特是一位拥有大量读者且享誉全球的那不勒斯神秘女作家，对其真实身份的调查与揭露在国际上曾引起一阵骚动，不仅仅是译者和出版商，她的铁杆粉丝对此也有些恼火。随着费兰特的小说逐渐成为脍炙人口的作品，任职于意大利商业日报《24 小时太阳报》的记者克劳迪奥·加蒂，在 2016 年公布了意大利出版机构 Edizioni E/O 的营收，而一直在这家出版机构担任顾问的安妮塔·拉哈女士也在这时候开始与其作家丈夫多梅尼科·斯塔诺恩频繁置业。虽然这种调查手段颇有成效，但似乎很多人并不买账。在各位大文豪的笔名背后总隐藏着一些鲜为人知的故事，我们暂时先搁置不谈。多年来，人们一直对费兰特的真实身份津津乐道，试图通过分析其写作风格、人物背景及作品内容来解开这个谜团，克劳迪奥·加蒂的调查，似乎为这种持续多年的猜测提供了有力证据。

费兰特的例子对于笔名在文学领域的使用及其影响极具启发性。这不仅具有指导意义，甚至还很有趣。它算不上史无前例，因为它汇集了一个古老传说的所有元素，广为流传却又易被遗忘。总是有人想方设法要找出躲藏在名家笔名背后的人，而在真相大白之日，众人的反应总是可以接受且态度温善的。除个别特例（接下来我们会详细讨论）之外，如费尔南多·佩索阿那样模棱两可、极为复杂的情况，几乎每一个笔名背后的故事都会在作家生前被发现。当然，还有罗曼·加里的故事，只要有谁愿意稍微认真一些阅读他的作品，便会有所发觉。

也正因如此，才更要多些耐心，虚假的传奇至少需要一点儿悬念。现在，请回到加里，或更确切地说，应该是罗曼·卡谢夫。他出身于一个犹太家庭，童年时期，罗曼跟随追寻美好生活的母亲妮娜·奥钦斯基前往法国定居。妮娜·奥钦斯基曾是一名演员，后又成为一位服装经销商和富裕的企业家，她决定成就自己唯一的爱子，将他培养成一个伟人。她一直认为罗曼是一个不可多得的天才（事实证明，她的确没有看错）。如果罗曼学习成绩不好，妮娜便会怪罪老师无法理解他；如果罗曼学不会拉小提琴，那肯定是老师（或是制琴师）的错，使他无法走上光辉的演奏家之路。

罗曼的名字有点儿俄化和犹太化，而他作为法国乃至全世界迄今最英俊、聪明且受欢迎的男人之一，很显然有必要改名字。因此，当他决定投身于文学时，便开始仔细研究有哪些笔名可以使用。他花了很长时间才找到"加里"（Gari）这个假名（俄语的意思为动词"燃烧"，后又被英语化为"加里"，即 Gary）。这绝不能说是在浪费时间，况且也是个不错的选择，因为不管在这之前还是之后，总会有各式笔名涌现出来。此外，他将自己的原名"罗曼"（Roman）法语化为"罗曼"（Romain）。

加里于 1935 年成为法国公民，在巴黎攻读法学的他，一贯显得比较懒散。加里从青少年时期开始在文坛小试牛刀（但成绩并不理想，当然，这绝对是因为出版商不懂得慧眼识珠），后来他继续以卡谢夫的身份出版小说，并尝到了成功的甜头，一些作品也陆续在美国被翻译出版。他于 1937 年出版小说《亡者之酒》，但这部作品并没有成为他人生的转折点。使他停滞，又推动他步入人生正轨的是战争。法国战败后，这位年轻作家加入了戴高乐的部队。这其中还有一个非常有趣的巧合，那就是，几年前，在他与母亲讨论寻找合适笔名的时候，也曾考虑过采用将军的姓名。"自由法国"军队虽为法国的"地下"军队，但一直以正规军的身份与国外同盟并肩作战。罗曼曾是这支军队的副官，也曾进入最富有诗意的军种——空军服役。他知道自己在做什么；他勇敢、酷爱冒险，一生荣耀无数，奇迹般地在各种惨烈的飞机事故及难治之症中存活下来，同时也从未忘记母亲的教诲：坚持写作。

他在降落场地上写作，也许还在飞机里创作；他在北非或者欧洲基地的漫漫长夜中写作；当同伴都已熟睡时，他还在运输船上、帐篷中写作。加里为解放日而准备的成果是题为"欧洲教育"的小说，于1943年在英国兵营中完成，后在1945年1月出版，取得了巨大成功。可惜他的母亲无法目睹这一幕，因为这名年轻的飞行员在战后才知道，母亲早在四年前就去世了。作家那几年收到的全都是母亲生前便已写好的书信，她在过世之前将信件交给一位好友，叮嘱对方在自己死后依次寄给加里。信中当然不可能提及时事，但却写满了对加里的鼓励。最后一封信中只写了这么一句话："我的孩子，坚持下去，你要坚强。妈妈。"

罗曼·加里的母亲是一个意志如钢铁般坚强的怪女人。她的预言几乎同时实现了：在短短几个月的时间里，罗曼·加里不仅成为一名成功且广受好评的作家，还开启了外交生涯，即使这是一个备选项，也是妮娜一直所预言的。他英俊潇洒、浪漫多情、魅力十足，在环游世界的同时，创作了法国20世纪下半叶最重要的几部作品。他是一名成功的导演、一个连环诱惑者，全身上下都散发着浓浓的法国情怀。然而，他最终还是选择为自己编造一个替身。很显然，他绝不是一个保守或内向的人，更不是一个谨慎之人；他这么做绝不是因为害怕或排斥公众场合。他毫无隐私可言，也没有用于隐居的秘密小屋。他位于马略卡岛的别墅甚至可被称为一座命运交织的城堡，人人都能下榻此地，而他也喜爱组织庆典。

1968年之后，很多事情发生了改变，加里或许已经感受到没落的端倪。难道发生了类似于戴高乐将军的经历吗？这是个他曾经在荣耀之路上跟随过的人。黄昏即将来临，却没有作家能感受到它，他曾熟知所有黎明的曙光。加里开始渐渐厌倦自己的成功、名气和身份。《当法国开始厌倦》——这是《世界报》1968

年3月15日发表的文章，其中描述了这种渗透至各个社会阶层的枯燥和乏味。而今，似乎也轮到他了。

正如格姆布洛维茨所说的那般，加里在临终前做出解释，想通过改名再次证明"一位作家可局限于人们为他创造的'形象'到何种程度，这个'形象'与作家的作品及其本人毫不相关"。十几年之后，多丽丝·莱辛也效仿加里——她用笔名简·萨默斯连续发了两部小说给常年合作的出版商。她想证明的是，没有什么比成功更容易造就成功。不出所料，这几部小说果然被退了稿，随后通过另一家出版社出版，但并没有多少销量，更没有引起文坛的注意——在作家出面澄清后，这几部小说才以《简·萨默斯日记》的书名再版。这位英国作家的目的或具社会意义。然而，加里不仅企图成就一个雄心勃勃的文学计划，当中还夹杂着些许报复的欲望。

当他决定以笔名埃米尔·阿雅尔发表《爱蟒的人》时，法国评论家认为加里业已文思枯竭、江郎才尽。这种情况对于像他这样性情的人而言，实在难以接受。

于是，他在 60 岁时（1974 年）发表了一个焦虑年轻人的处女作，为的是证明人生还有许多路要走。加里的一个朋友曾在他位于马略卡岛别墅的书桌上，看到过署名"埃米尔·阿雅尔"的手稿，她虽然曾向有关报社透露过这一消息，但没人相信她的话。两者的作品之间的一些风格相似之处偶尔会引起文坛的质疑，但作家大多会圆滑地回答："众所周知，晚辈往往偏爱模仿前辈。"然而，从一部小说到另一部，从一个身份到另一个，也会在措辞、主题方面留下一些线索，但这些几乎无一例外地被忽略了。他在自己的遗作中以略带诙谐的口吻评论说："只要读一下就行了。"没有人做得比这更明显了。可能罗曼·加里有所夸大，但毋庸置疑的是，他的确在各处都留下了线索。

加里与自己杜撰出来的作家都会按时出版作品，后者的书往往比他本人的书更受赞扬。阿雅尔（一个俏皮的笔名，俄语"阿雅尔"的意思为炭火，类似于"加里"之意）在 1974 至 1979 年间，先后出版了四部小说。但之后，这个游戏对于加里本人而言或许变得过于复杂了。又或许，他已感到厌倦。然而，在那段时间里，这个人物的出现无疑是一次胜利的挑战，充满了道德意义，也是冒险的大胆尝试。例如，当他打算给阿雅尔配上一幅画像时，还曾向远房表亲求助，但这也只帮他掩盖了一段时间。即使保罗·帕夫洛维奇走漏了些风声，也无法拆穿这个面具。也许，也没有人真正想要这样做，当然，具体情况如何，我们永远不得而知。

罗曼·加里在遗作中声称，有那么一瞬间，自己完成了"整部小说"，而作者本人也成了镜像世界中的一个文学人物。这是他一生中恒久不变的话题，即在写作生涯中使用过许多笔名，例如福斯科·西尼巴尔迪、夏当·博加，但并未在文坛中引起过轰动。感谢阿雅尔，那些围绕着书而不是书的部分（装饰部分）成了文本。如果"整部小说"的想法会使人联想到瓦格纳及其所有艺术作品，那么，这种结合或许并不是偶然。但在这个纯文学领域，还存在另外一点：话语不多，极具启发性，似乎与费兰特的身份之谜有关。

阿雅尔发表《爱蟒的人》后，许多人都在揣测谁是阿雅尔。《新观察家》曾提出作者可能是奎纳乌或者阿拉贡，并认为这本书"一定是某位大作家所作"。加里还非常得意地回忆说，甚至有人认为这部小说是由令人毛骨悚然、极具神秘色彩的黎巴嫩恐怖分子——哈米尔·拉哈所著。

其实，拉哈（Raja）不正是倒着读的阿雅尔（Ajar）吗？这样一来，几乎可以肯定地说，加里在字里行间已经暗示了阿雅尔的身份。值得注意的是，我们所熟悉的费兰特，已经被人指认为安妮塔·拉哈，也就是那位大翻译家。让我们来做一个奇幻的文学假设：《埃米尔·阿雅尔的生与死》首次在法国出版时，费兰特或曾拜读过。她也许从中感受到了一种召唤，甚至是一种使命。加里的书于1981年出版，埃琳娜·费兰特发表的第一部长篇小说《讨厌的爱》，则由罗马的出版机构E/O于1992年出版。一个正准备结束游戏的作家曾在不经意间播下一颗种子，在此期间，这颗种子也有着充裕的时间去发芽成长。

让我们尝试做一个大胆的假设：罗曼·加里与埃琳娜·费兰特之间存在着实质性的关联。好吧，两者之间的相似之处确实不少：埃琳娜·费兰特既是作者，也是主角，这是无可争辩的事实。费兰特本人就是其小说的一部分，她通过邮件采访和自传性文章，撰写了一个故事，一个相对准确的自传。她在访谈集《碎片：一位作家的旅程》中采取了相同的做法，并进一步佐证了笔名的选择并非偶然，而是小说中不可或缺的一部分。当以费兰特的身份出现时，这位隐形作家使自我的另一面成为文学角色，正如加里创造阿雅尔那样。

在这种情况下，还缺少表亲帕夫洛维奇，但要说的是，只需要一点儿耐心，就能再次见到他的灵魂以其他形式在其他情况下重现。笔名的世界浩瀚无垠，难以掌控。然而，也许正如人类所有的事物、小说和叙述一样，笔名的世界也存在许多共同的特征、处境和情节，它们在历史的长河中周而复始，尤其是在我们当下的时代。笔名本身不正是叙述的一个要素吗？

我们目前经历的这个故事恰恰始于 17 世纪。这就好比一个旷日持久的翻牌游戏：不一定无谓，不必总是严肃，但这就是它的玩法。

第二章

假面舞会

　　选择一个笔名的原因有许许多多，但并非每一个选择都是有意而为，不论一个人是否有名。比如，名不见经传的保罗·奥斯特就曾化名保罗·本杰明创作其处女作——美国硬汉派小说《进退两难》。那是 20 世纪 80 年代，身无分文的保罗·奥斯特怀着作家梦，浪迹于巴黎街头。20 年后，他解释说："这本书是我为钱而作，是一部私生子性质的作品。"奥斯特是自传体小说领域最有代表性的大师，他在小说中使用了大量的化名与异名，其作用大同小异。无论如何，这本书很早以前就用真名出版了。

温文儒雅、才华横溢的爱尔兰作家约翰·班维尔也时常会以笔名本杰明·布莱克出版侦探小说，并乔装打扮成黑帮老大，让别人给他拍照。朱利安·巴恩斯，英国的一位当代著名作家，曾以笔名丹·卡瓦纳发表侦探小说，又以爱德华·比格、拉塞尔·戴维斯这两个笔名发表评论或文学批评文章。荷兰著名作家阿农·古恩堡也曾在更名前后，两次以不同的名字荣获同一个奖项——这或许是为了效仿罗曼·加里，他创作的小说确实在文坛中引起了巨大轰动。

尽管有时选择一个笔名的动机显而易见，但改变身份的决定却是亘古不变的。用热拉尔·热奈特的话来说，这其实是一种富有诗意的行为，也是为了凸显作家作品的价值。在作品问世时，作者的名字尤为重要，不论名字是真实的还是虚构的。作家们一直深谙其道，或能猜出一二。因此，巴尔扎克自 19 世纪以来便使用颇具贵族气质的笔名来发表初期作品，这样做的也不止他一人。相反地，有些"真正的"贵族反而会选择隐姓埋名，因为作家这个身份似乎根本配不上贵族的社会阶层。丹尼尔·福（Daniel Foe）虽然选择匿名发表其大部分作品，但在使用笔名时却决定将自己的姓改为"笛福"(Defoe)，目的就是使其听起来更像是一个大家族的姓氏，以此暗示他出身于英国古老的德伯傅家族。然而，这个贵族姓氏的法语发音却暗藏了一个文字游戏，听起来也更像是"冠冕堂皇之人"的意思。丹尼尔·笛福的选择也成了一部现代小说的主题。库切出版的小说《福》便是以"欧洲小说之父"笛福的经典名作《鲁滨孙漂流记》为蓝本。这里的文学游戏全在于"foe"的词义，即"仇敌"。因为库切认为，这个单词在一些基督新教书籍中含有"恶魔"的意思。

若从最遥远的上古开始算起，这张关于笔名的清单可谓数不胜数、包罗万象。或许，可以从埃及经师说起，他们似乎往往会以某个神灵的名字署名。又或者，从古希腊作家色诺芬开始，他曾将《长征记》托名为忒弥斯托革涅所作，描述自己的英雄事迹。若要为这张清单确定一个明确起点，意大利文艺复兴时期的诸多学院可谓合适之选。几个世纪以来，文艺复兴时期的学院派成员一直借鉴并使用经典著作中那些既巧妙又诙谐的名字作为自己的笔名。这充其量只是一种纯粹的社交消遣活动，一种沙龙娱乐，但在罗马天主教改革（又称反宗教改革运动）之后，这却成了一种避免麻烦的有效方法。

法国作家弗朗索瓦·拉伯雷的情况则略有不同，他于1532年开始使用笔名阿尔高弗里巴斯·纳西埃出版长篇小说《巨人传》，全套书共分五卷。这个化名是作者真名的字母异序词，相对清晰明了，却也足够扑朔迷离，使人难以捉摸，从而避免那些顽固派的指手画脚。虽然今时今日仍有许多顽固不化之人，但在当时那个年代，这种危险却尤为突出。身为修士的拉伯雷并不安分守己，他不愿遵守严格的教规，也不想过清心寡欲的生活，特别是在情欲方面。拉伯雷与宗教裁判所还有着一些纠纷，不仅仅是因为《巨人传》一经出版便被列为禁书，作家本人随后也被指控为异端。其实早在十年前，拉伯雷所有的希腊语著作就已被全部没收，因为索邦大学认为，学习这门语言相当于鼓励人们自由解读圣经。

　　幸运的是，拉伯雷一直受到权贵朋友的竭力保护。此外，他还是法国家喻户晓的人文主义作家，他沉迷于民间文学，并为此漫不经心地伪装了自己，或许，他从未赋予这个行为一个特殊的意义。另一方面，拉伯雷在字里行间也曾提及他所钦佩的意大利作家——费琳哥（应该也是一个笔名）。费琳哥是个放荡不羁的隐修士，一位热爱民间文学的人文主义作家，他还创造出所谓的"马佳龙尼克"拉丁语，一种混杂着曼托瓦方言的诙谐幽默的语言。早在于第一部作品《庞大固埃》中写到巨人弗拉卡苏时，拉伯雷便曾提及那"创作了《马佳龙尼克的诗篇》之人"——费琳哥，其以梅尔琳·可卡伊为笔名于1517年出版了《巴尔托》，全名为《马佳龙尼克的诗篇》。此外，费琳哥又化身为里梅尔诺·皮托克，于1526年发表《奥兰狄诺》，其中"里梅尔诺"是从"梅尔里诺"重新排列字母而来，"皮托克"一词则指费琳哥本人当时所面临的悲惨境遇。

然而，这部作品却并未在文坛引起他所期望的轰动，费琳哥最为人熟知的伟大作品当属《马佳龙尼克的诗篇》。

至少可以说，费琳哥的后人在创作新文学作品时，未引起任何丑闻。隐士学院是威尼斯17世纪最重要的学院之一，其中最受人瞩目的笔名发明者当属利古里亚文学家、奥古斯丁会修士安杰利科·阿波罗西奥。后期，他又对其所创造的化名进行了分类及编目。作为一名充满好奇心且高产的学者，阿波罗西奥写出了许多具有17世纪风格的作品，例如为保护马里诺骑士的作品《阿多尼斯》而发表的《破碎的眼镜》（1642）。阿波罗西奥在这本书中选择以笔名西庇阿·格拉雷阿诺来署名。随后，他又于1689年以一个更新潮的名字出版了《揭开面纱——狂欢节庆之余，这些作家以假面示人，后被锡耶纳著名幽默作家、才华横溢的鬼才焦万·彼得罗·贾科莫·维拉尼发现，作为消遣读物赠予尊敬的安东尼奥·马利亚贝基先生、斯宾兰特博物馆及托斯卡纳大公科西莫三世》。

这个作品当属多位作者的合著。光从标题来看，确实相当不错。正如扉页所示，阿波罗西奥共列出了150个笔名，当然，这些只是沧海一粟。然而，这是否真是用来打发炎热夏日的消遣方式，还有待商榷。早在15世纪，古腾堡活字印刷术的发明迅速推动了特权系统的建立。换句话说，随着活字印刷的出现，出版社正式获准印刷书籍，无论作者以何种方式署名，这都是一种确认作品道德和刑事责任的途径。无数的笔名虽然未带来巨大影响，但却由此开启了维护版权的漫长历史。

一个多世纪以后，阿波罗西奥成为最早意识到笔名重要性的人物之一；他提出，这恰恰是一个绝佳的"狩猎场"。然而，他却并不是第一个关注笔名问题的人。耶稣会会士泰奥菲洛·拉伊纳尔迪·迪索斯佩（因长期生活在巴黎，也被称为雷诺）曾于1653年出版《好作品与坏作品的传播》，其中着重讨论了书籍的创作机制。德国学者文森特·普拉齐乌斯在其专著《摘抄的艺术》中，设计了一个类似于电脑的存储设备，并因此闻名至今。随后，他于1674年出版《笔名与匿名作者著作目录》，终其一生从事文献学方面的研究。除了1674年首次出版的作品，他在余生又为另一部浩大作品努力，该作品也终于在他去世后得以出版。

1685年，阿德里安·巴耶在其作品《学人的判断》中探讨笔名，阿波罗西奥紧随其后发表了类似主题的作品。巴耶于1690年发表了他的辞典。似乎没有什么比笔名更能点燃17世纪藏书家的热情了。后起之秀们纷纷不甘落后，由此，藏书馆中浩如烟海的书籍和名单列举出了成千上万个笔名、隐名及异名（这是当时编目假名时公认的三个类别）。换句话说，根据法国19世纪中叶《法兰西语言辞典》的最终定义，以任意选择的别名署名并出版的作品被称为笔名作品；此外，隐名作品指的是以作者真名的字母异序词署名并出版的作品；再者，异名作品是借用他人的名字出版的作品。20世纪的文学巨人——费尔南多·佩索阿的所有作品都可被归类到第三个类别当中。佩索阿的异名并不是从别处窃取而来，而是一个个被创作出来的个体——独立存在的异名作者。这不仅与既定的模式背道而驰，更使得编目工作不断面临挑战。

　　制图至少在文学中不能被视为一门科学，如此一来，激情与痴迷也算不得精确的科学。文学海洋上总是会在不经意间刮起风儿，航行的船儿也会随波逐流。这一条条航船中最大无畏的那一批当属 19 世纪的英雄们，字典、清单和编目也在这个世纪蓬勃发展。这些英雄中最具代表性的要数安东尼·亚历山大·巴比尔，他曾撰写《匿名作品辞典》；再就是塞缪尔·霍尔基特与约翰·莱恩联名出版的《英国笔名与匿名作者著作辞典》；以及盖当诺·梅尔齐发表的《意大利匿名著作与笔名作者以及所有与意大利有关的笔名作者》。类似作品可谓数不胜数。这里不能忘记的是温琴佐·兰切蒂于 1836 年出版的经典著作《笔名——按字母排序并对照作者真名的假名或别名列表》。有些作家深知作品一经发表就会引人妒忌或不被世人所接受，所以才会选择使用笔名来署名，而我们这位克雷蒙纳学者在书中所做的便是探究应如何定义这些笔名。为此，兰切蒂以拉斯卡的喜剧作品《嫉妒》为例写道：作者在戏剧开场白中承认曾选择以他人名字发表其作品，因为只有这些受到过评论家（大写首字母）的称赞，相反，拉斯卡以真名发表的作品却从未得到过赞扬。

用大写首字母来写"评论家"（Critici）一词是这个群体当时的书写习惯。此前已经提到过其中最为著名的几位，接下来就谈谈其他作家，但读者切勿过分相信这个含糊不清的许诺：一个包罗万象的巴别图书馆正向我们倾倒而来，使人难以招架。例如，法国学者莫里斯·洛加曾进行了相当精确的计算，得出的结论是，1650 年至 1950 年间共有 192 部笔名辞典出版，若算上再版重印，总数高达 215 部。这些辞典往往内容繁杂，编写工作困难，可谓是烛光下幸福的烦恼。单从数量来看，20 世纪才是笔名辞典产量最高的时期，共计 90 部。毋庸置疑，促使产量激增的正是电力和地域扩张两大要素。笔名辞典的编纂和出版工作，正如洛加所说，可以分为以下两大历史阶段：截至 1850 年的第一阶段，整理清单和出版辞典是当时欧洲大陆西北部的特权，从意大利到瑞典，再从德国到法国；1851 年到 1900 年为第二阶段，相对而言，时间较短，但产量较高，从英国到俄国，再从美国到加拿大，几乎全世界的人都跃跃欲试。此外，南美洲也贡献了两部笔名辞典。

若要探索这张体量庞大的名单，必须追溯源头：即在普拉齐乌斯去世后，于 1708 年在汉堡出版的《匿名与笔名作者著作目录汇览》(以下简称《汇览》)，全书分上下两册，成为后世的参考书，其内容更是包罗万象。这本书就好似一个浩瀚的图书馆，包含所有人物，并逐个展现。舞台的左边站着一位学者，没戴面具，手中握着一张卷起来的纸；舞台的右边则站着一个背对舞台的人，他的脸上也没戴面具，这个人应该就是《汇览》的作者，也是这台剧目的导演。他面对着三位作家张开双臂，手上还拿着两张面具。站在三人中间的那位作家脸上戴着面具，而另外两位则正准备摘下面具。还远不限于此——在他们上方，各式各样的面具犹如花环一般挂满了整个图书馆。一块写着

"各司其职"的匾额悬挂于馆内上方。远处有一扇微启的门，门帘或许是被哪个仆人掀起了，隐约可见一个房间，内部满是人影和各类武器、铠甲与神话人物。所有的人似乎都面带笑容，不论是作家、学者还是指挥家，最后这位显然就是评论家，是《汇览》的藏书家。馆内众多的面具传达着人间的喜怒哀乐、酸甜苦辣。

这一切都表明揭开这些作者笔名和匿名的神秘面纱，是一件多么值得炫耀的事情，但细细思量之后发现，其实不然。每一张悬挂在半空中的面具都是一件值得收藏和展示的战利品，其实，这与图书馆中一连串的书籍毫无区别。导演的喜悦恰恰犹如猎人一般，对他来说，真正的成就或许正是在于发现了这一张张面具，而非其背后的真实面容。这一张张面具比"真实"的面孔更为精彩，当面具被揭开之后，背后隐藏的真面目便会显得有些索然无味。从理论上讲，模棱两可是雕刻师的特性，那么，他又是受谁的启发呢？这便是新时代的精神。18世纪是面具时代，它们已成为人们生活的一部分，无论是在剧院或赌场，是散步或聚会，还是在情欲生活中。

面具有时会被全面禁止，有时却只限制社会的某些阶层，这在威尼斯历史上时有发生，但却收效甚微。1768年，伏尔泰在题为"巴比伦公主"的故事中提道："双面人在广场上随处可见，除了天生的那张面孔，这些男男女女还会戴着一张绘画过的面具，使这个国家看起来犹如一个幽灵之国。"菲利普·莫尼耶在其著作《18世纪的威尼斯》中，将这个水上之城称为"欢乐世界"，而那个时代的威尼斯也注定将走向衰落。尽管作为三大启蒙思想家之一的伏尔泰轻视"伪装"，他本人却是最积极的笔名创造者之一。一生笔耕不辍的伏尔泰在其写作生涯中曾使用过不下数百个假名。为我们所熟知的名字"伏尔泰"，便是其家族姓氏阿鲁埃一种较为复杂的字母异序词（其原名为弗朗索瓦－马利）——在巴士底狱被关押期间，他首次使用笔名"伏尔泰"创作长诗。

那些与伏尔泰同世纪的揭秘者学识渊博，他们虽然被面具深深吸引，但同样也对其充满了不信任。因此，他们对有关的道德价值，尤其是对作者使用笔名来伪装自己的意义所在，做了深刻的分析。通常，这些揭秘者会以对与错作为判断，并谴责这种行为，可洛加却认为："笔名不但不会在黑暗中消逝，反而能保留其装饰和教育价值。"换句话说，笔名就如作者脸上的那层透明面纱，其魅力并不会随着面纱被掀起而消失，反而会更加引人入胜。

根据巴耶所说，剽窃者和冒名者都应为自己所编造的谎言而受到谴责，那么，其他绝大部分作者又当如何呢？此外，应该如何且以哪些标准来区分冒名顶替和使用笔名呢？这个话题，即使曾在18、19世纪风靡一时，可能还是会显得有些迂腐，况且是一个仅局限于少数学者和藏书家的话题。不过这也间接证明了自笔名成为研究对象以来，其选择的行为从未被视为无关紧要。这是争执中若隐若现的匕首，若有需要，也可以成为用来诽谤或背后伤人的利器；与此同时，当开诚布公或多或少会成为一种危险时，这把利刃也能用作盾牌。此外，最重要的是，其还能成为文坛最有效的动力。面具中的假面，即使在普拉齐乌斯那道德藏书馆中，也会让一个作家的"真实"面容变得朦胧不清，以至于我们只能试着透过那条细微的门缝来猜测其庐山真面目。

从那个时候起，战利品越积越多，并在馆内层层叠放。高高悬挂着的面具与书架上整理得井井有条的藏书很容易混在一起。对它们分门别类，列出清单，就如同在巴别塔内四处翻找一样；你随意打开一本书，其中便会跳出一个面具冲你微笑。不论是古典还是现代名著，都只不过是一个暗示游戏。比如约瑟夫·康拉德，当他选择以英语作为写作语言时，便放弃了那较为绕口和过于商业化的波兰原名——约瑟夫·特奥多·康拉德·科尔泽尼奥夫斯基。另一个著名的例子是巴勃罗·聂鲁达，他选择这个笔名一方面是因为其原名内夫塔利·里卡多·雷耶斯·巴索阿尔托过于复杂；另一方面，则是为了不激怒强烈反对他写作的父亲，再就是为了纪念著名捷克诗人扬·聂鲁达。此外，还有化身为刘易斯·卡罗尔的查尔斯·路德维奇·道奇森牧师，他这么做或许是为了隐瞒其资产阶级身份，抑或是由于他为爱慕少女而感到自惭。在这种情况下，存在着一个原则：作者最关心的当属如何将其数学逻辑著作（一直以真名署名）与小说区分开来。据说，在《爱丽丝梦游仙境》风靡世界后，他拒绝接收一切寄往自己在牛津大学办公室且收件人为卡罗尔的信函。

中国文人鲁迅孩提时曾名为周樟寿，由于他曾在中国历史上的动荡时期积极参与政治活动，故而在其写作生涯中曾使用了不同的笔名。其实无须把目光投向遥远的东方，经过多年的累积，有些图书馆的书架上摆满了意大利作家的面具和作品，其中最令人瞩目的要数以笔名阿尔贝托·莫拉维亚创作且闻名于世的意大利近代作家——阿尔贝托·平凯莱。1929 年，莫拉维亚凭借小说《冷漠的人们》初登文坛，并自费在意大利出版社——阿尔卑斯将其出版。至于莫拉维亚笔名背后的故事则十分漫长曲折。

莫拉维亚是个不随大流的犹太作家，曾多次遭受禁令的困扰，时而被撤销禁令，时而被指责。这些禁令迫使他不得不使用形形色色的笔名在报纸和杂志上发表文章，例如普赛乌多、伦佐·迪奥达蒂、托比亚·梅洛、乔瓦尼·特拉索内等。莫拉维亚的事迹至少在欧洲可谓是家喻户晓。然而，只需把目光稍稍转向琳琅满目的法国文学名著的书架，就会发现不难找到与莫拉维亚情况类似的法国名家。比如钱拉·拉布吕尼，他曾选择母亲家族一处房产的名字——奈瓦尔作为自己的笔名，从此便化身为钱拉·奈瓦尔，此举也是为了缅怀其在奈瓦尔童年时期便已经去世的母亲。其次是神秘的弗雷德里克·索赛尔，也被称为弗里茨，即法国诗人布莱士·申德拉斯。他通过更名换姓否认其家族史和德国血统，将自己伪装成一个法国人。

布莱士·申德拉斯运用娴熟的"语言炼金术"创造了笔名。他利用了布莱士（Blaise）与英语中"炖煮（braise）"之间相近的发音，至于他的姓，申德拉斯（Cendrars）中的"灰烬（cendre）"一词则可能来自 15 世纪法国诗人弗朗索瓦·维庸，或尼采的著作《瞧，这个人》。这位法国诗人原名或为弗朗索瓦·德蒙科比耶，或为弗朗索瓦·德洛热，他可能是因为自己平日过于放荡不羁、几乎无恶不作的生活方式才决定更换姓氏。火焰、焚烧，以及灰烬，布莱士宛如神话中会浴火重生的凤凰，而大火恰恰是他一生中最痛苦的经历。他的初恋赫莲娜·克莱因曼，一位钟表师的女儿，于1907年在圣彼得堡的一场火灾中丧生。一盏煤油灯点燃了她的衣物，但至今都无法查证这究竟是一场意外还是自杀。曾经有一名记者问布莱士，申德拉斯是否是其真实姓氏，这位诗人回答说："相反，这是我唯一的名字，也是我最真实的名字。"

至于我们，最好还是避免引火烧身。或许这是因为我们太过于依赖面具。普拉齐乌斯图书馆内的书架可能会伴随着奇怪的吱呀声突然倒塌，各类书籍铺天盖地般砸向我们，包括那些至少在初期是匿名发表的作品。根据书籍史研究方面的专家、英国人詹姆斯·雷文的估计，1750至1790年间，英国作为最大的出版强国，发行的小说中有80%以上未署名，个别案例除外，如亨利·菲尔丁自信满满地以真实姓名出版了《汤姆·琼斯》。通常来说，比起作者，题目显得更为重要，这正如世纪长河中那些形形色色的面具一样，各不相同。这些面具中的一些较为戏剧性，另一些则是出于惯用，就像身临那个曾迷倒了伏尔泰的威尼斯一般。

当面对笔名的丛林时，有人犹抱琵琶半遮面，有人偶尔忘记遮住面容，又有人刻意以盾牌掩盖身份，分辨出这一点至关重要。面具不仅可以保护匿名作者，也能成为幻影游戏的工具。面具会被猎人撕开，它越是完美（越成功），越会成为狩猎者的目标。恰如上文提到过的罗曼·加里，一切的努力都是徒劳，只有那亲手绘制面具的人才能最终将其摘下，最后的狂欢，最后的举动，最后的讥诮。上述例子的确是一些特殊情况，但能引起探讨，促使作者更名改姓。但总的来说，当一名作者为自己辩护，并尽可能隐藏自己的身份，甚至在身份被揭穿后仍然继续否认，可称其别名为二级笔名。这是一种非常复杂且引发深刻心灵共鸣的手法。相反，当一名作者公开使用别名，那便是一个名副其实、广泛应用的一级笔名——在这本书中，我们会在某些情况中遇到，而且完全可以称之为最具代表性的例子。

第三章

乔装打扮

倘若我们尝试开展一项艰巨的工作，即对世界各国作家的笔名做一个排名，名列西方榜首的至少应该是鼎鼎有名的司汤达，原名亨利·贝尔。这位作家在职业生涯中不断产出笔名，根据不同学者列举的名单，司汤达在写作期间创造了约三百五十个笔名，足足是一度被誉为笔名高产作家的伏尔泰的两倍。司汤达创造笔名有时是出于政治原因，有时则纯粹出于娱乐目的，有时又两个都不是。选择司汤达这个名字是偶然诞生的想法：它是一个普鲁士城市的名字，选择它作为其代表作的笔名、自己作家身份和荣耀的承载体，也许是因为这个名字与法语里的"丑闻（scandal）"一词押韵。司汤达从未刻意隐藏过自己的身份，不过却对匿名有着一种特殊的兴趣。他曾在《自恋回忆录》中写道："你们会相信吗？戴上面具也许是一种乐趣，更名改姓更是一件趣事。"司汤达又如此写道："我最大的乐趣便是将自己变成一个身材高大、满头金发的德国人，漫步在巴黎的街头。"虽然这只是一种永远不可能成真的设想，却也反映了作者在真真假假之间，赋予了面具重要的地位。说假的一面，当然是指他不可能真的成为一个身材高大、满头金发的德国人，漫步在巴黎街头；然而，说它是真的，却显得更加错综复杂。

在谈及司汤达的选择时，不得不提的是著名学者让·斯塔罗宾斯基的话。司汤达并非借助匿名来逃避现实，对于像他这样一个性格奔放、敢于冒险的人而言，这简直不可思议。斯塔罗宾斯基在一篇题为"司汤达笔名"的文章中这样写道："这或是一种粉饰的艺术"，"是故意颠覆人际关系，唯有逃避名誉价值体系才能更好地支配它、享受它"。这也是一种拒绝行为。

首先，他是在拒绝父亲谢吕班·贝尔。他的父亲是一个思想保守的地主，格勒诺布尔（1783 年亨利的出生地，也是其家人的居住地）议会的律师和代理人。父亲执着于生意，渴望资产阶级生活，这使得亨利从小就讨厌他。小亨利亲近自己的母亲亨丽埃特，但母亲在他 7 岁的时候便因难产不幸去世。

司汤达的母亲是一个有才华的女人，据说她精通意大利语，能读原文版的但丁。在某种程度上，这有可能过于夸张，因为这源于他童年的记忆，但正是这个原因促使他后来选择定居米兰，并迅速爱上了这座城市。司汤达当然不是作为一名文化游客来到米兰的，他可以说是带着刺刀而来。革命派在政治较量中惨败，这位龙骑兵少尉对巴黎感到失望，在不得已的情况下选择了流亡他乡。就同每个渴望获得荣耀和成功的外省人一样，年仅 16 岁的司汤达千里迢迢来到了巴黎。他怀揣学习数学的理想而来，并"立志要成为一个魅力四射的人"，他在《亨利·勃吕拉传》中如此写道。这是他于 19 世纪 30 年代末创作的长篇自传，其中讲述了在格勒诺布尔度过的青春岁月里的点点滴滴。与此同时，这也是一部未完成的作品，在作者去世之后才得以出版。司汤达在这本书中也用到了诸多笔名中的一个。至于自传中所提及的两个梦想，直到那一刻尚未实现，尽管就第二个梦想而言，他只需要再耐心一点点，就能得到丰厚的收获。

亨利·贝尔是一个酷爱冒险、浪漫多情的年轻人。然而，他也是一个心狠之人。司汤达曾为处决正在家中诵念玫瑰经的法国国王路易十六及其妻子玛丽·安托瓦内特而欣喜若狂，此外，他格外崇拜法国大革命与拿破仑，曾跟随拿破仑大军征战欧洲，一路攻打至俄国，还参与了著名的巴黎战役，并在蒙马特奋力抵抗。在波旁王朝复辟后，他受到的唯一指责是不敢为自己的命运及改变欧洲付出更大的努力。司汤达的经典著作，从《红与黑》到《帕尔马修道院》，再到《红与白》，其中的主人公都是波拿巴主义者，每个人的内心也都怀揣一个永不熄灭的伟大政治梦想。幸运女神常常眷顾司汤达，他的聪明才智也帮助他逃过了复辟后的镇压。他是一个平易近人的成功人士，也有着丰富的人脉资源；他总能为自己找到保护伞，尤其是爱他爱到疯狂的女性伴侣，她们中的每个人都出身贵族。司汤达总能获得幸运之神的青睐：当他于 1830 年完成《红与黑》时，恰逢巴黎人民发动七月革命，推翻二次复辟的波旁王朝，并建立以"资产阶级国王"路易·菲利浦为首的七月王朝。

这部小说于 1830 年 11 月 13 日正式出版，之后在文坛引起了巨大的轰动。每一位读者都能马上体会到小说字里行间那种坚决、不屈服于蒙昧主义的精神。不仅法国读者感受如此，在波拿巴主义的理想幻灭之后，这种精神仍普遍流行于遭受重创的欧洲。该小说并不是亨利·贝尔化名"司汤达"出版的首部作品。在此之前，他于 1817 年首次使用这个笔名发表了游记《罗马、那不勒斯和佛罗伦萨》，该书于 1826 年再版。1817 年首次出版时，作者是以"骑兵军官——司汤达"署名的，当时，拿破仑已被流放至圣赫勒拿岛。这是司汤达在军事失利后流亡意大利期间所作。与此同时，他也在为皇帝撰写传记，但在当时，命运之神已不再偏袒拿破仑，其传记亦未能面世。除此之外，司汤达还陆续发表了众多其他作品，如使用笔名 M.B.A.A. 在意大利发表了《意大利绘画史》，以路易－亚历山大－恺撒·鹏贝的笔名发表了《海顿、莫扎特及梅塔斯塔西奥的一生》，他更是因这部作品被意大利音乐学家朱塞佩·卡帕尼指控涉嫌剽窃，这并不是司汤达第一次，更不是他最后一次面临类似的指控。

从表面上看，《罗马、那不勒斯和佛罗伦萨》是一本娱乐读者的书，但实际上这本书却是假借艺术之名大谈政治。司汤达在该书的序言中大肆抨击了当代的邪恶之星："作者只是想找点儿乐子，而他的画最终却被悲惨的政治阴影所笼罩。"使用笔名显然不是为了自我保护，而是为了采取主动进攻。面对那不可避免的悲伤，司汤达确实不会低头，他也绝不是一个多愁善感的人。相反，即使身处险境，他仍不忘寻欢作乐。

在反思意大利的命运和梦想泯灭的同时，司汤达正为《论爱情》一书收集创作素材。这是一部独具匠心、妙趣横生、尖锐深刻，却又十分浪漫的作品。作者在书中告诫那些背叛爱情的人不要寻找借口，尤其不要试图去做解释，否认事实，因为前者显得尤为荒谬，后者则有些可笑。

1821年，司汤达被意大利警察驱逐出境，随后重返巴黎。他在米兰居住期间，伤了多个名媛的心，这使得警方无法原谅他。司汤达向各类沙龙以及英国报刊发起了挑战，他利用形形色色的笔名做掩护，随心所欲地在英国报刊上发表任何他想发表的文章。他号称贵族女性的猎手，即使他的心在滴血……因为玛蒂尔德·邓波夫斯基留在了伦巴第，她天生丽质、爱国、聪敏伶俐，只可远观，是为数不多拒绝他的女性之一——"我从未拥有过她！"。除此之外，他还喜欢探索逸闻趣事，并投稿给各大杂志，如《巴黎每月评论》《新月刊》和《伦敦杂志》等。

不仅有逸闻趣事，还有在圣特贝弗的一则回忆：某个夜晚，在一位贵妇的客厅里，著名的历史学家、语言学家，老派共和主义者克劳德·佛利耶正在讲述一个阿拉伯故事时，发现司汤达或贝尔先生正快速地在帽衬上做笔记。他非常清楚贝尔先生为什么要这么做，很可能他也知道这位年轻作家正在创作《论爱情》，因为至少在文坛上，使用笔名是一个人尽皆知的游戏。因此，克劳德·佛利耶向司汤达提议放弃改编这个自己在乎的故事，因为接下来他要将其写入关于伊斯兰文化的伟大专著中。当然，作为交换，贝尔先生将获得两个类似题材的故事，并可以自由使用，毋庸置疑，他得到了克劳德的肯定。

这二人很快便成为朋友。司汤达亦大方地表示，《论爱情》中有一章关于阿拉伯的部分完全要归功于前辈，克劳德·佛利耶对阿拉伯文化的研究为自己的写作给予了很大帮助。当司汤达遇到麻烦时，即使是在沙龙中，也竭力保护那些笔名：哪怕百般谨慎，他也不能肆无忌惮地书写法国部长们"每月都会窃取五百万，甚至不知道应该如何分赃"。部长们有限的智商只能"让他们在圣日耳曼的沙龙里徒劳地寻找更多的傻子"。至于文学，几乎没有人可以逃过他的眼睛和钢笔（笔名书写）。在复辟思想盛行的时期，流传着这样一句话："一切文学，皆为财团所书。"

现在，请把目光重新定格在斯塔罗宾斯基身上："使用笔名首先意味着抛开父辈给我们取的名字，或出于羞愧，或出于不满。名字，犹如刺中内心的形象，承载了那想要遗忘的生命。如果一个名字确实能代表一个人的身份，通过它可以抵达人类的本质，那么拒绝父辈传承就相当于扼杀父亲，其残忍程度并不亚于欺师灭祖。"对于贝尔来说，普鲁士小镇，这个备受他仰慕的艺术史学家约翰·约阿希姆·温克尔曼诞生的地方，不仅仅是一个地点，更是学问之路上的一盏指路明灯。当贝尔得以从俄国归来，这个小镇亦成为了他停留的地方。这里当然意味着他对父辈的否定，换言之，也是对现世的否定。因此，这是一个诞生于挫败时刻的笔名，一个挑战，一声呐喊。

没有人能比斯塔罗宾斯基更好地描述这种普遍拒绝的态度了，其中最具代表性的无疑当属司汤达："接受自己的名字就意味着接受自我存在与社会存在间的共同点。然而，笔名的存在就在此时开始发挥作用，它将这两个可以通过语言合二为一的世界彻底分离。"在这位法国大文豪的一生中，这两个世界一直处于亦分亦合的状态，直至生命的最后一刻。司汤达生前给自己写了墓志铭："阿里哥·贝尔，米兰人。"这样一来，他虽然已经回到原来的生活，却又一次拒绝了强加的身份。本质上，这是他最终的笔名，有一种道德意义。在马克·吐温的墓碑上，刻着两个名字：墓碑上方刻着他的原名萨缪尔·兰亨·克莱门，紧接着，原名的下方以更大的字赫然刻上了笔名马克·吐温。身份是可以被创造出来的，并且绝非亘古不变。

著名诗人保尔·瓦雷里对司汤达非常着迷，不过却并没有效仿他使用笔名。在《红与白》1927 年的再版序言中，瓦雷里发现司汤达之所以在写作生涯中选择了数百个笔名，而非局限于一个，与其说是为了伪装自己，不如说他想借此"体验不同的活法"。换句话说，他不想放过任何一种不同的生活方式，更不愿放弃宏大的志向。司汤达不仅希望能为人所喜，荣耀加身，闻名遐迩，同时又希望能坚守自我，不忘初心。他既不是第一个有此想法的人，也不是做得最成功的那个，但却可以说是最可爱的那个。百年过后，乔治·奥威尔在一篇题为"我为何而写作"的文章中解释说，截至目前，自己最大的成就在于"将政治的写作变成了一种艺术"。这一目标与司汤达有着异曲同工之处，虽然奥威尔不太喜欢将一本书变成一件艺术品。

从许多方面来看，奥威尔颇似 20 世纪的司汤达。不仅仅是因为他们的名字皆丰富了当代辞典，更准确地说，是笔名。奥威尔与司汤达有诸多相似之处，比如两者心中都对社会有着一种热情和失望后的惆怅，二人的作品也都体现了写作的紧迫性和人物的重要性。这两位大文豪都不是以华丽的辞藻和完美的写作技巧著称（即使如此，我们能说他们创作的故事不够精彩吗？）。此外，奥威尔与司汤达最大的共同点就在于对父辈的拒绝。或许一个作家不应该有这种想法，因为亲人还在世。他们采用的文学策略使人不禁联想到接力棒的传递。从交际能力、与女性的关系以及个人魅力等多方面来看，二位作家各有千秋。奥威尔性格更加沉静内敛，不修边幅，有时甚至索然无趣。较之法国作家普遍的阳光乐观而言，奥威尔较为复杂、模糊、独树一帜。即使从社会和家庭层面来讲，两者也有着相同的出发点。正如卡梅拉·丘拉鲁在《笔名秘史》中所写，如果艾里克·阿瑟·布莱尔（乔治·奥威尔原名）是一位生于无产阶级家庭的年轻绅士，而不是出身家境并不富裕的上层阶级，如果他只是在名校浑然度日，并与工人家庭的同龄人一样怀揣一个不可企及的梦想，那么，乔治·奥威尔便永远不会有机会诞生了。

这位作家当然不是出于对生态环境或田园风光的痴迷，才选择以主保圣人乔治为己名，以奥威尔河为己姓。在乔治·奥威尔内心深处确实有一些势利因素，然而，在英国这个等级森严的国家里，乔治·奥威尔的出身在其身上留下了深深的阶级烙印，这也使得他一直在矛盾中游离挣扎。他从小便立志成为一个闻名遐迩的作家，但随着年龄的增长，奥威尔开始同情工人阶级、贫苦群众以及边缘人士，这也为他的一生指引了方向。他出生于缅甸，父亲是一个不太重要的政府官员。奥威尔在英国学成后回到缅甸，从事了几年同样不起眼的工作。然而，当他开始每天在祖国反思生命的时候，未来的奥威尔式民主社会主义即将诞生。例如，为什么他不被允许和水管工人的孩子们一起玩耍？对于这个问题的答案，奥威尔写在了1937年发表的《去维冈码头之路》一书中。他在作品中描述了英格兰北部工人阶级的悲惨生活。这本关于维冈考察之行的作品让奥威尔有机会在文坛上崭露头角，与此同时，问题的答案也是如此明显和让人寒心：因为他所处的环境绝不会允许孩子们学会下层阶级的口音。

这种要求源自他上层家庭的出身，虽家境不富裕。根据传记家所说，奥威尔一直深陷矛盾之中，虽就读于英国最著名的伊顿公学，却不曾有多大建树，他憎恨这所象征社会地位与财富的学校。他的生活纵然清苦，却不排斥偶尔的舒适（和妓女，自19岁开始在殖民地服役起，奥威尔便是妓院的常客。这段殖民地的经历为他1939年在纽约出版的小说《缅甸岁月》提供了创作素材，此前英国出版商因害怕官司而不愿接受——归根结底是因为奥威尔在书中大力抨击大英帝国）。他对性的态度含糊不清，直至有所贬抑；喜欢流浪汉的生活，却厌恶肮脏和难闻的气味；常年患病，却是一个老烟枪。他一直无法接纳自我，而笔名正是一种逃避的方式。

从缅甸回来后，他开始在巴黎和伦敦流浪，深入社会底层，亲身体验下层民众的穷苦生活。伯纳德·克里克在一本关于奥威尔的传记中，重现了年轻的布莱尔离开殖民地公职后心中的那种挫败感和复仇感。自此，他开始尽力接近下层贫苦大众——流浪汉和无家可归的人，同最穷的人打成一片。奥威尔之所以这么做，其实是想看看英国穷人在本国的待遇是否与印度（当时的缅甸隶属印度总督府）贫民相差无几。就像其他许多远赴巴黎的冒险者一样，奥威尔实则是在各个餐厅做洗碗工、服务员时找到了很多素材，而不是在亨利·米勒笔下的妓院。他一边在巴黎过着颠沛流离、穷困潦倒的生活，一边收集大量的创作素材为左翼杂志撰稿。

奥威尔在处女作中描述了无产阶级的悲惨生活，以及巴黎某高档餐厅后厨极差的卫生状况。为了将最真实的贫穷写入小说，那个出身伊顿公学的艾里克·布莱尔必须要消失。除此之外，当然还存在着中产阶级特有的其他典型理由，如勿让家族蒙羞、避免让自己陷入可能遇到的失败等。至少在克里克看来也存在类似缘由。奥威尔本人曾多次表示，他一直都不喜欢自己的原名，因为这使他想起了维多利亚时代儿童故事中那个爱卖弄学问的人物。选择笔名的方式五花八门。1933 年，艾里克·布莱尔以乔治·奥威尔的笔名发表了处女作《巴黎伦敦落魄记》，首版发行量便达到 5000 册，乔治·奥威尔这个名字自此在文坛崭露头角。对于作者而言，这无疑是一个巨大的成功。尽管其中有几篇文章之前曾以艾里克·布莱尔的名字在杂志上发表过，家人也似乎知晓这一切，不过他们仿佛并未因此感到难堪。英国的格兰兹出版社不仅答应出版奥威尔的处女作，更表示要向其提供 40 英镑的定金，而布莱尔随即询问能否换一个名字出版，并致信格兰兹出版社："这并不是我感到特别自豪的事情。"布莱尔是指书还是个人身份？这两种答案似乎都是正确的。奥威尔也的确算不上一个乐观主义者，凡事总是先做最坏的打算，即失败。布莱尔补充写道，如果他能获得幸运女神的青睐，出版更多的作品，他很乐意继续使用同一个名字。

是的，但是用哪一个笔名呢？出版商提议用一个简单的字母 X，但这个正准备与艾里克·布莱尔的身份彻底决裂的男人随即给出了许多其他备选项。由此可见，他的日常生活也是由一个个不同的笔名编织而成的。他在致出版商的书信中写道："出门在外时，我通常会用 P. S. 波顿这个名字，但如果你觉得读起来拗口，那么，肯尼斯·迈尔斯、乔治·奥威尔、刘易斯·奥维斯这几个名字，你觉得怎么样？不过我最喜欢的还是乔治·奥威尔。"在此之前，《巴黎伦敦落魄记》这本书就曾遭到其他出版商的拒绝，比如费伯出版社（Faber&Faber）的 T.S. 艾略特认为小说内容过于松散。

不过，令人惊讶的是，这位坚定的保守派、对斯大林毫无好感的诗人，居然会于 1945 年《动物庄园》出版之际向奥威尔写信表示，自己坚信"这不是批判当前政治局势的正确观点"。然而，战后的乔治·奥威尔早已不再是战前那个靠反对一切意识形态来写作并拥护民主社会主义的无名小卒了。维冈码头之行和加泰罗尼亚战役坚定了奥威尔对民主社会主义的信念，他始终忠于这个信念，就像对乌托邦理想或诺言一般执着。在经历过一次次的失败之后，他正逐渐成长为那个饱受折磨、凄惨悲苦又慷慨激昂的"短世纪"的主要代表之一。

"奥威尔式"一词现在已经成为一个通用的形容词，就像"老大哥"这个隐喻一样；可在 1945 年，并不是所有人都知道是他创造了"冷战"这个注定经久不衰的新词。在与"艾里克·布莱尔"决裂之后，他找到了一种先知般冷峻的笔调。这是一个漫长又痛苦的过程，但却是值得的。布莱尔并没有死，他只是在过着正常人的生活。奥威尔是自由的。他的朋友安东尼·鲍威尔在回忆录《春季婴儿》中讲述了二人的第一次相遇：那是 1941 年，作家在咖啡馆内与他攀谈，为了不被别人认出，奥威尔自称布莱尔。几年后，鲍威尔曾问过奥威尔，是否想过将笔名改成户籍名字，奥威尔回答说，这样一来，他又要为接下来出版的新书再找一个笔名了。司汤达应该会赞成这个想法。

第四章

行动中的女性

　　被誉为"哥特小说女王"的安·拉德克利夫的处女作便是一部匿名之作（她的作品在今天看来或许显得有些冗长，但在当时的社会的确获得了巨大的成功），在接下来出版的书中她才公开自己是那本书的作者。安·拉德克利夫的身份从来都不是一个秘密，到了后期，她甚至决定在小说上签署自己的名并冠上夫姓。然而，对于 18 世纪末期的社会来说，一位女性写小说并不是一件十分光彩的事情，更不用说当中包含阴森恐怖的情节、性情邪恶的人物以及幽灵城堡了。她的生活平淡无奇到连传记家都不知该从何写起。拉德克利夫那阴暗的文学想象力也未能打扰到她的生活，不过却对后世产生了深远影响，如意大利文学史上最伟大的作家之一——亚历山德罗·曼佐尼。英国维多利亚时代的女作家们一直饱受限制，在性别研究领域被广泛研究和讨论。

一名写小说或任何其他东西的女性备受时代的诟病，并被认为无法承担出嫁后的家庭责任。1804年，马修·格雷戈里·刘易斯提出，写作的女性就是"半个男人"。刘易斯是著名哥特式小说《修道士》的作者，他于1796年匿名出版了这部充满情欲的黑色小说。刘易斯之所以对维多利亚时代的女作家提出上述批评，是因为他发现母亲亦有出版小说的意向，这件事使他失去了理智。他坚决要求母亲放弃这个想法，并表示这可能会给家族带来可怕的后果，例如，妹妹将一辈子嫁不出去，家族遭到社会的排斥乃至面临破产，等等。这位可怜的好母亲——弗朗西丝·玛丽亚·塞维尔夫人最终还是做出让步，放弃了出版小说的想法。笔名或匿名代表了一层用来维护荣誉的面纱，然而，正如上述例子，至少对于女性而言，这还远远不够。笔名或匿名虽然算不上真正意义上的波卡罩袍，可的确是一种不容小觑的社会性强制。即使需要强调的是，男性作家也会普遍使用笔名，但他们要面临的问题相对少很多。

有一个奇怪的现象：在短短几年的时间里，很明显，小说变得越来越重要，从经济的角度来看亦是如此。有些人认为，既然这已经不可避免，还不如好好利用它。这是一个复活节彩蛋，需要一个天才来将这个想法付诸实践，而这个天才就是简·奥斯汀——维多利亚时期最具颠覆性的伟大女作家。用罗伯托·贝尔蒂内蒂的话来说："在简·奥斯汀之前，没有哪一位女性作家能够像她一样，完美睿智地运用诙谐辛辣的语言来讽刺阶级或性别关系。"在她之前，更没有哪一位女性作家能恰到好处地处理与出版商的关系。从1811年《理智与情感》出版到1817年奥斯汀去世之日，她的作品扉页上仅署名"一位女士"。简·奥斯汀每次出版新书时，都会以"上一部作品的同一位作家所作"

进行宣传，每一本新书因其卓越的销售成绩，都可谓是一次成功。奥斯汀病逝以后，她的哥哥负责出版了《诺桑觉寺》和《劝导》，并在这两部遗作的序言中透露了作者的真实身份，且第一次使用其真名简·奥斯汀署名。

促使奥斯汀做出这个选择的具体原因现在尚不清楚，但可以肯定的是，她这样做绝不是为了向家人隐瞒自己写作一事。因为她不仅得到了全家人的大力支持，而且在一开始，奥斯汀的父亲还曾主动帮助洽谈出版商。奥斯汀喜爱的几位当时的女性作家无一例外地选择了匿名出版作品，她也许是出于惯例或好奇，但更有可能是在嘲笑和讽刺自己所处的维多利亚时代以及社会的普遍看法。不管怎样，这位作家对于自己的女性身份（这在她的书中有所体现）和在文坛中的神秘地位感到自豪与享受。在学术界，她其实早已被人识破——不是依靠文本分析，而是依靠当时的诸多传言。人们知道她就是这些作品的作者，然而她的小心谨慎被视为一种正常之举，用今天的话来说，她这么做是为了不引起舆论的关注。

1815 年 11 月，在奥斯汀的哥哥与出版社进行了长期交涉后，《爱玛》即将问世。当时还是摄政王的乔治四世授意皇家图书馆管理员，邀请奥斯汀前往其位于伦敦的官邸做客。摄政王还找人告知奥斯汀，她"获准"把即将出版的小说献给他。奥斯汀小姐欣然参观了摄政王的图书馆，然而她貌似并不情愿将尚未正式出版的《爱玛》献给摄政王。后来她才恍然大悟：这似乎不是一个邀请，而是作为一个忠实臣民所必须服从的命令。她随后为首版发行的《爱玛》写上献语，精心装订好后送至卡尔顿宫。书中人物简·费尔法克的名字似乎意有所指，其头号粉丝埃尔顿夫人在书中援引托马斯·格雷著名长诗《墓园挽歌》中的两句诗："世界上多少花吐艳而无人知晓 / 把芳香白白地散发给荒凉的空气。"虽然埃尔顿夫人当时的用意与作者背道而驰。但这是否算是以诗讽刺呢？在《傲慢与偏见》大获成功后，奥斯汀小姐曾于 1813 年秋季给正在波罗的海执行任务的哥哥、皇家海军军官弗朗西斯写信。

这封家书中提及："当时我就知道自己将要面临什么，但事实却是，这个秘密早已人尽皆知，留下来的仅仅是这个秘密的影子。所以我想，如果第三本书可以发表，我根本不想尝试说谎。相反，我会设法从中获取尽可能多的财富，而不是故弄玄虚。"

奥斯汀小姐觉得自得其乐，而夏洛蒂、艾米莉、安妮——勃朗特三姐妹却不以为然。在女性作家备受质疑和限制的维多利亚时代，勃朗特三姐妹认为，每一位渴望出名的文坛女作家都必须使用笔名来伪装自己。相较于简单的匿名，三姐妹做了一个更为大胆的尝试：以男性笔名发表作品，摇身一变成了柯勒、埃利斯和阿克顿·贝尔三兄弟，并自费出版了一部合著的诗集（《柯勒、埃利斯与阿克顿·贝尔的诗集》）。更名改姓在她们的家族的确不是什么新鲜事。她们的父亲帕特里克·布伦蒂是一名牧师，在剑桥学习期间选择了听起来更为高贵典雅的"勃朗特"作为姓氏，成了帕特里克·勃朗特。这个姓氏源自古希腊语"雷电"一词，是为宙斯锻造闪电长矛的独眼巨人之名，当然，也是霍雷肖·纳尔逊在打败那不勒斯雅各宾派后，获得的西西里岛封地的名称。此外，这位牧师还特地在"勃朗特（Brontë）"一词上加上分音符号，就是为了避免人们习惯性地将其读成"布伦蒂（Brontii）"。帕特里克·勃朗特有六个孩子，在两个女儿夭折后，他成了豪渥斯的乡村牧师。他的妻子于 1821 年过世，留下一个颇为叛逆的天才儿子和三个立志成为作家的女儿，但女孩们的主要任务是照顾父亲和这个家庭。

三姐妹的文学生涯并非一帆风顺，因此换一个名字或许是个好主意。夏洛蒂是三姐妹中最年长，也是最果断的。年仅 21 岁的她，壮着胆子把自己的几首短诗寄给了当时的桂冠诗人——骚塞。然而，她收到的却是大诗人的一顿训斥。骚塞首先在回信中简单夸赞了她的写作天赋，后又毫不客气地训诫她：那些正在等待伯乐的年轻诗人等来的往往都是失望和冤枉路，但最重要的是，"文学不是妇女的事业，而且也不应该是妇女的事业"。如此言论最终促使夏洛蒂改变名字。这与刘易斯曾对母亲说过的话类似，但勃朗特三姐妹却没有像那位爱顺从的女士一样灰心丧气。夏洛蒂给这位诗人回复了一封相对温和的信，向其表示感谢并答应听从他的建议，她也的确这样做了，于是改变性别继续写作。

《柯勒、埃利斯与阿克顿·贝尔的诗集》得到了一些书评作为回应，但销量为零。尽管如此，勃朗特三姐妹仍努力宣传，将诗集寄给有名的文学家，并借此机会树立名声。功夫不负有心人，她们不断地创作（她们一直在压抑的家庭氛围中坚持写作），最终迎来了出版商的橄榄枝。三姐妹于1847年出版了各自的长篇小说：夏洛蒂的《简·爱》、艾米莉的《呼啸山庄》，以及安妮的《阿格尼丝·格雷》。这次的主导人物仍然是夏洛蒂。此前，在积极推广了三姐妹联合出版的诗集之后，她又表现得像一名大胆出色的文学经纪人。例如，她在致出版商的一封信中表示，贝尔三兄弟正在筹备一部由三本独立小说组成的大作品，它们既可以一起发行，也可以分开出版。然而夏洛蒂认为第二套方案更加可行。此外，夏洛蒂还希望出版社能够尽快给予答复，因为还有其他出版社对此感兴趣（当然，这根本就是子虚乌有）。

在《简·爱》问世前，夏洛蒂在布鲁塞尔的一所学校中任教，这段经历短暂且不愉快，但她在此期间爱上了一位老师。早于《简·爱》出版的小说——《教师》，便是基于这段经历。该小说曾被各大出版商一一退稿，直到夏洛蒂去世后才得以出版。1847年，她从曾经的所有失望中走出，在受到被退稿的打击后，非但没有退缩，反而愈挫愈勇，忍着地狱般的牙痛，在几个月中创作了另一部长篇小说，那便是《简·爱》。夏洛蒂于同年8月将书稿寄给了当时尚不出名的史密斯&埃尔德公司，并特别叮嘱要把给柯勒·贝尔的回信，寄给住在约克郡布拉德福德市豪渥斯的夏洛蒂·勃朗特小姐。当然，这个默默无闻的勃朗特小姐完全没有引起出版商的怀疑。1847年10月，小说以"简·爱：由柯勒·贝尔撰写的传记"这个模棱两可的书名出版。《简·爱》一经问世就在文学界引起了巨大轰动，自此，夏洛蒂也借着柯勒·贝尔这个神秘的身份，成为英国文坛上冉冉升起的一颗璀璨明星。她影响了无数后人，从伊丽莎白·盖斯凯尔到马修·阿诺德，从乔治·艾略特（也是个笔名）到威廉·萨克雷，从布朗宁到拉斯金。

《简·爱》一炮打响。维多利亚女王似乎还曾宣布，《简·爱》是为阿尔伯特亲王所写。创作《名利场》的著名作家威廉·萨克雷曾说，自己根本无法停止阅读。大街小巷都在谈论这部小说，人们到处打听和猜测作者的身份。如果《简·爱》的作者真的是一位女性作家，与同为年轻女性管家的小说主角一样，那她一定受过良好的古典教育，且比任何一位英国贵妇都更加懂得驾驭语言的艺术。出版商乔治·史密斯承认自己从一开始就有这种想法，而且他比任何其他人都更占优势——手稿。然而，当夏洛蒂在妹妹安妮的陪同下向他表明身份时，后者却大跌眼镜。不仅仅是因为他心中的疑惑得到了证实，更主要的是两位出现在办公室的年轻女士的形象，完全不符合他心里的设想。乔治·史密斯从未想过，享誉英国文坛的作家会是眼前这两个衣衫褴褛、样貌丑陋的乡下姑娘（当时，夏洛蒂的大部分牙齿已经因疾病而脱落）。

《呼啸山庄》和《阿格尼丝·格雷》于 1847 年 12 月出版之后，销量并不理想。然而，在那个时候，夏洛蒂已经着手准备《简·爱》的第三版了。一家小型出版社接受了《呼啸山庄》和《阿格尼丝·格雷》的出版工作，但却未认真对待，导致小说的印刷本中充满了错误。当时的评论家们对这两部作品的态度也稍显冷漠，一些批判的声音则更为严厉。此外，随着《简·爱》在英国文坛上的大放异彩，难免会产生一些令人惋惜的误会。夏洛蒂在 1848 年的《简·爱》第三版序言中指出，对于一个作家而言，"隐形身份"首先是一个巨大的优势，其次，将来要是有人想借用自己的名声出版其他作品，她绝对不会承认，因为"那不是她应得的荣誉"。换言之，安妮和艾米莉的出版商正企图利用夏洛蒂的成功，让公众以为这三本小说皆为同一个"贝尔先生"所创作。

随着夏洛蒂《谢利》（1849）和《维莱特》（1853）

两部作品的出版，情况则变得更加明朗，（安妮和艾米莉）出版商的谎言也不攻自破，《简·爱》作者的身份至少在文学界早已家喻户晓，夏洛蒂的出版商显然是第一个知晓此事的人。自1848年6月开始，夏洛蒂便告诉出版社，所谓的贝尔三兄弟虽然不是男性，但的确是姐妹三人。这就意味着夏洛蒂根本不愿被人怀疑，其假借他人名义写作。此外，这位大姐毅然决定，让勃朗特三姐妹一起出现在出版人的办公室内，这将是一次极具戏剧性的会面。然而，胆怯的艾米莉却临阵退缩了，也可以说，她不愿背叛自己的那位埃利斯·贝尔。最后，夏洛蒂只得与妹妹安妮一同前往。面对如此难以置信的事实，《简·爱》的出版人和主编——史密斯和威廉斯经过短暂的惊讶与不解后，迅速反应过来，并对这只会下金蛋的"母鸡"热情相迎。他们希望有机会把妹妹安妮也一起争取过来，因为她们可谓是当时英国文学界三颗最灿烂的明珠。激动之余，夏洛蒂脱口而出——"我们是姐妹三人"，艾米莉的身份也就这样被曝光了。夏洛蒂对此感到非常抱歉，在这之后也试图挽救，但都徒劳无功。

　　无论如何，出版商和主编并没有十分在意此事。他们当时最关心的显然是如何招待好夏洛蒂和安妮两姐妹，并给予她们周全的照顾。他们也的确做得很好。史密斯用心地向社会大众介绍这两位来客，邀请她们留在伦敦一段时间，并陪伴她们参观博物馆，听音乐会，出席社交晚宴。夏洛蒂后来回忆说，那是一段美好而又充满矛盾的时光，因为她们显然不能把自己身份的秘密透露给任何人。半个伦敦都在议论、猜测，究竟出于什么原因，风度翩翩的出版商会带着两个相貌平庸的乡村姑娘出入各类社交场所。而她们二人也再次化名布朗小姐。大街小巷都在谈论此事，但依照往日的社交传统，无人开口打听。笔名暂时还是安全的。勃朗特牧师也收到了一本《简·爱》，冷冷地评论它是一部不错的作品，便再也没有与女儿讨论过这本书。其实，他背地里早已经在教区炫耀，自己就是这几位著名女作家的父亲——展现了一个可以理解却充满危险的弱点。

至于夏洛蒂，她仍继续以柯勒·贝尔的笔名写作。1848 年 8 月，在从伦敦归来约三个月后，她将第三部书稿寄给出版商史密斯，并强调她丝毫不惧怕自己身份的暴露，"更不为自己所创作的内容感到一丝羞愧"，她只是想继续保持匿名身份。她已渐渐淡泊名利。例如，夏洛蒂并没有向身边的几位挚友隐瞒自己的身份，特别是伊丽莎白·盖斯凯尔夫人，后者也是首个为夏洛蒂写传记（1857）的传记作者。其次，盖斯凯尔夫人更在一开始就懂得并理解柯勒·贝尔的世界与夏洛蒂·勃朗特之间的格格不入，因为这根本就是两种不同的人格。当然，外表、容貌很可能也是两者之间的一个障碍，夏洛蒂对此亦十分清楚。她在一封写给挚友盖斯凯尔夫人的信中表示："我知道自己看起来一脸惨相，从很多方面来说，也的确是这样，但上苍却赋予我一种独特的声音，能够让人们专注聆听它，体会其中饱满而深刻的情感。"她的声音非她的身体，而柯勒·贝尔亦不是夏洛蒂。

不久之后，柯勒·贝尔或夏洛蒂就成了孤家寡人。

1848年9月，她的兄弟布兰韦尔因肺结核去世，在葬礼上，艾米莉也染上了肺结核，随后去世。三个月后，深居简出且大受打击的夏洛蒂被确诊同样感染上了这种在当时致命的疾病。然而，祸不单行。与夏洛蒂同住一个房间的安妮也因肺结核病倒了。安妮拖着病体，出版了她人生中的第二部，也是最后一部小说——《维尔德菲尔庄园的主人》（又译《荒野庄园的主人》）。安妮在此书第二版的序言中重申了对笔名的坚持："我想告诉大家的是，阿克顿·贝尔既不是柯勒·贝尔，也不是埃利斯·贝尔，因此，阿克顿的失误不应由他俩来承担。至于名字，不论它是真是假，在我看来，对于那些仅从作品熟悉了解它的人来说，根本无关紧要。另外，虽然有评论家声称已经发现了我的身份，但这两本小说的作者究竟是男是女，无关紧要。"

促使安妮这么做的原因（之后也成为令人骄傲的诗意宣言）很简单："于我而言，无论作者是男是女，我只在意这是否为一本好书。所有的小说都是或应该是男女皆宜的，我无法理解为什么男人可以随心所欲地写些有损女性尊严的事情，而女人写了任何在男性看来再合适不过的东西就要受到批判呢！"这部作品序言的落款日期为1848年7月22日。安妮于1849年5月28日病逝。对此，夏洛蒂倍受打击，但她并没有将自己关在那个曾与妹妹、父亲朝夕相处的小乡村。相反，她决定再访伦敦。在伦敦的那几年里，夏洛蒂结识了不少志同道合的作家。在此期间，夏洛蒂一直坚持捍卫自己的匿名身份，即使有时很明显就是种伪装。萨克雷在他积极活跃的写作生涯中，曾使用过许多稀奇古怪的笔名，比如迈克尔·安杰洛·蒂特马什、乔治·萨维奇·菲茨－布奇、查尔斯·詹姆斯·耶洛普鲁什，这些都只是他诸多笔名的冰山一角。一次，在萨克雷家中聚会时，夏洛蒂的这位朋友不经意间称呼她为柯勒·贝尔。夏洛蒂并不太喜欢这样，她冷冷地回答说自己知道有个叫柯勒·贝尔的作家曾出版过几部作品，但现在坐在大家眼前的却是夏洛蒂·勃朗特小姐："我根本看不出，两者之间有何关联。"

1849年，夏洛蒂写信给乔治·刘易斯，因为他在英国笔名事件中扮演了一个奇怪的角色。夏洛蒂在信中重申了自己的处世策略："我希望所有的评论家都能继续相信'柯勒·贝尔'是一个男人。我很清楚，您将继续以女性该有的行为准则来衡量我。一旦我有些地方不符合您心中的审美标准时，您就会指责我。"夏洛蒂非常清楚当时社会的想法，可她丝毫不愿让步。"柯勒·贝尔"不仅仅是一个笔名，还象征着一种精神。那是一种保护，而不是伪装；是一层面纱，而不是一张面具。此外，笔名还象征着夏洛蒂一直忠于三姐妹所缔结之盟约。

1850 年，在妹妹们去世后，夏洛蒂开始忙碌于艾米莉《呼啸山庄》和安妮《阿格尼丝·格雷》的再版工作，并借此机会，首次出面澄清姐妹三人使用男性笔名的原因。除了她们对出名有着一种本能的厌恶，夏洛蒂还强调："我们不希望自己的女性身份为人所知，是因为我们总有种错觉，女性作家可能会遭受歧视；而且我们当时并不认为自己是以女性的风格来写作。"

但无人可以抵挡名声的诱惑。夏洛蒂也是在自己的身份曝光后，才出面解释笔名的逻辑，或者更准确地说是匿名。除了父亲茶余饭后的闲谈，在豪渥斯，人人都知道真相，不仅如此，还有一些忠实的读者开始来这个荒原山村进行文化之旅。就像两个多世纪以后，发生在史蒂芬·金身上的事件一样（如果这个类比有些冒犯，请原谅我）。豪渥斯当地的报社将这个爆炸性好消息公之于众，并告诉当地居民，牧师的女儿已经成为一个国际明星。那是1850年2月28日。夏洛蒂34岁，虽然身份被曝光了，但她却无意改变自己的生活。

夏洛蒂又重新开始写作。三年后的1853年，她依然固执地使用柯勒·贝尔的名字，继《简·爱》《谢利》等作品后，出版了第三部长篇小说《维莱特》。夏洛蒂随后就是否更换笔名与出版社讨论了多次，虽然她有这样的冲动，但可怜的史密斯为此感到沮丧，力劝她从商业角度考虑，放弃这个想法，因为这太过于冒险。"柯勒·贝尔"俨然成了成功的代名词，不可替代。柯勒已经开启了自己的生活；而夏洛蒂这个作者，在某种程度上，却依旧是躲在面纱之下的"囚徒"。

　　新小说广受读者的欢迎。同时，在拒绝了多位爱慕者后，夏洛蒂认为是时候结婚了。1854 年 6 月，亚瑟·贝尔·尼古拉斯（亚瑟·贝尔与夏洛蒂的笔名雷同，这着实耐人寻味）——夏洛蒂父亲手下的一名助理牧师，在追求她多年后向她求婚，夏洛蒂也终于说出了那句"是的，我愿意"。这场婚礼虽然不十分隆重，但却平静祥和，是夏洛蒂追求的那种灰淡基调，正如她的生活一般。夏洛蒂将生命中所有的成功、激情和美好都留给了柯勒·贝尔。次年三月，夏洛蒂带着腹中的胎儿一起离开了尘世。那一年，她只有 38 岁。

第五章

女扮男装

这场身份大揭秘源于推特，准确地说，是从 2013 年 7 月 10 日周三 11 点 34 分开始的。一位名叫茵迪亚·奈特的记者告诉粉丝，她正津津有味地读着某个叫罗伯特·加尔布雷思的人创作的侦探小说——《布谷鸟的呼唤》。几分钟后，一位同事就发信息问她，这本书是否适合在度假时阅读，奈特回答非常适合。这时，一个名称为 @JudeCallegari 的账号突然出现并发布了一条爆炸性新闻："这本小说是 J.K. 罗琳写的。"确定吗？百分之百是真的。祖德（Jude）解释说，自己是从一个在《哈利·波特》作者的出版商那里任职的朋友处得知的。由于这是一场与众多记者进行的对话，引起骚动不可避免。这些推文虽然很快就被删除，但为时已晚。有心人迅速展开了交叉检查。次日，英国媒体就大肆报道了这一消息。在此之前，《布谷鸟的呼唤》销量并不是十分理想，然而，这个消息一经报道，销量也立刻上涨。仅一上午，亚马逊的订单就较以往上涨了500%。罗琳大方地承认了，不过也觉得有些遗憾，并向BBC表示："我原本希望这个秘密能隐藏得再久一些。"她补充说，自己的确很生气，虽然似乎没有太多过激的反应。可是，罗琳代理律师事务所的一名律师，却因此事官司缠身。这名律师就是祖德口中的消息来源，但他并没有把这个消息直接告诉祖德，而是他的好友，即这位夫人的丈夫。最后，这位律师接受了审判，被罚款1000英镑。

在不知情的情况下成为朱利安·阿桑奇替身的是萨里郡克莱盖特的一位夫人，她也曾遭到记者的围困，被迫在家中躲了好几天。此外，由于出版商是同一个，越来越多的人开始怀疑这是一次精心策划的商业炒作。

这本侦探小说是由英国小布朗公司旗下的 Sphere 出版社发行的，该出版社此前也曾负责过《哈利·波特》和《偶发空缺》的出版工作。《偶发空缺》是罗琳首度以真名为成人读者创作的小说。当然，也有人可能会认为这种解释略带一丝阴谋的色彩。身份曝光后的那几日，这位畅销书作家在采访中特别强调，作为罗伯特·加尔布雷思给她带来一种"自我解放的体验，不需要被过高地期待，也不需要大肆宣传，我得以享受在另一个名字下获得更纯粹的反馈"。哈珀·柯林斯出版集团当时的负责人，小说主编凯特·米尔斯在推特上承认自己当时拒绝了这部侦探小说，因为这部书"虽然写得不差，但太过于平淡"。

这句话还是值得相信的。毋庸置疑，《布谷鸟的呼唤》写得不错，因为这个系列后期又陆续有连载。《布谷鸟的呼唤》算得上是一部经典的侦探小说，延续了传统的硬汉和喜剧风格。私家侦探科莫兰·斯特莱克有一个美丽风趣的秘书、一段无法忘怀的艰难过去和一种与生俱来的幻灭感。虽然有合理理由促使 J.K. 罗琳使用一个男性笔名署名，不过继阿加莎·克里斯蒂及其无数追随者之后，此举看起来确实有些莫名其妙。阿加莎·玛丽·克拉丽莎·米勒——马洛温爵士夫人、帝国夫人和波洛的创造者，一直对改名换姓的行为津津乐道。阿加莎·克里斯蒂曾以笔名玛丽·维斯特麦考特发表了六部情感小说，这个女性笔名坚持使用了整整 20 年，直到《星期日泰晤士报》揭穿了这个秘密，导致作者弃用此笔名。这几部小说的口碑和销量都不错，根据阿加莎·克里斯蒂的女儿所说，作者本人也感到较为满意，因为这几部小说对她而言宛如一个秘密花园。又如传记家劳拉·汤普森所写的那样，这就好比一个"梦幻的花园"，私密又珍贵，恰如科莫兰·斯特莱克之于 J.K. 罗琳。

J.K. 罗琳这个略显复古的决定，早在 19 世纪末就有一个鲜为人知的先例：那便是美国女权主义典范之作——《小妇人》的作者路易莎·梅·奥尔科特。1868年，在出版了其他成人小说后，路易莎·梅·奥尔科特发表了《小妇人》，她因这部文学作品享誉美国文坛。此外，她还用过不计其数的笔名，并创下纪录。奥尔科特对哥特式小说有一种莫名的爱，最好当中还穿插着一些恐怖情节。在美国南北战争爆发的那几年，奥尔科特曾以红十字会成员的身份参战，并在多个杂志连载自己的小说。后期，奥尔科特又以 A.M. 巴纳德的笔名出版了这些恐怖小说，得到大众好评。路易莎·梅·奥尔科特也曾使用过其他笔名，可成绩却没那么好。无论如何，从没有人对这些笔名起过疑心。直到 1943 年，一位学者发现了出版商写给奥尔科特的书信，信中，其多次要求作者在小说上用真实姓名署名。当时的社会对女性已经没有任何偏见，无论是在社会还是商业层面。不过，奥尔科特从未对此予以接受，她的秘密更是被隐瞒了近一个世纪之久。

在这个选择中，显然隐藏着一个关于如何引导读者，如何在作家和读者之间建立一个无声"契约"的计划，还涉及读者愿意接受在怎样的真理与谎言间游走。这位享誉世界文坛的女作家——J.K. 罗琳心中应该也有一个类似的目标。在她决定改变笔调、主题和语言风格，以一个"崭新"的身份接受挑战时，她要尽可能远离依赖傲人销量所积攒的那些名气。在后女权主义盛行的时代，J.K. 罗琳决定效仿 19 世纪女作家的行为显得另类，让人费解，甚至带有挑衅的意味——这无非是在效仿过去，尤其是具有代表意义的勃朗特姐妹。

若把上述女作家视为一个整体，便能将这些"女扮男装"的作家组成 19 世纪伟大的三相神（尽管，这种做法肯定会把勃朗特姐妹气得要从坟墓中跳出来，因为她们生前就一直在努力突显每个人的特点，我们在此为这种做法道歉，但我们也不是首先这么做的人）。三相神中还包括乔治·桑和乔治·艾略特，后者与勃朗特三姐妹息息相关，正如在一段证词中可见的，她与勃朗特三姐妹关系密切，还很崇拜夏洛蒂。不仅如此，乔治·艾略特的一生挚爱乔治·刘易斯虽是一个具有远见卓识、不拘泥于传统的人，却也是始终对女性作家有着极大偏见的人。夏洛蒂·勃朗特对这位文人十分熟悉，并一度与他展开笔战。1849 年，夏洛蒂在致刘易斯的书信中写道："我希望，您不要将我看作一个女人。"夏洛蒂的《简·爱》曾得到刘易斯的好评，可《谢利》出版时，刘易斯的态度突然冷淡了许多，指责夏洛蒂未尽到女性应尽的责任。尽管夏洛蒂坚持用柯勒·贝尔之名写作，但她的真实身份早已是人尽皆知的秘密。

夏洛蒂曾引用一则古老的谚语告诉刘易斯，她当然可以亲手解决敌人，却需要神明的帮助以提防朋友。但当认识了刘易斯后，夏洛蒂表示，无论如何都对他讨厌不起来。刘易斯是一个饱学之士，他的学识魅力大大弥补了其外表的不足，深爱着刘易斯的乔治·艾略特如此形容他。他身边好友更是戏称他为蜜蜂、猴子——一张麻子脸上长满了胡子，穿着款式过时的衣服——刘易斯被公认为全伦敦相貌最丑陋的男人。尽管如此，仍然不能阻止女性对他的爱慕之情。他的情感生活较为混乱。他与妻子分居多年，后者虽然有过一段公开的婚外恋，但从未同意离婚，刘易斯一直以来都坚持赡养妻子并抚养他们的四个孩子。他是一名记者、一名成功的作家，同样是一位温文尔雅、才华横溢的世界主义者。

玛丽·安·伊万斯（乔治·艾略特的原名）第一次在伦敦遇见刘易斯时，便认定他就是那个要与之共度余生的男人，至死不渝。她的父亲是西米德兰兹郡一处庄园的管理者，玛丽·安·伊万斯曾因放弃基督教信仰成为自由思想者而与父亲发生冲突。在父亲去世后，玛丽·安·伊万斯曾在日内瓦的朋友/保护人家中生活了一段时间，之后决定前往英国首都追逐梦想，并立志成为一名作家。对于当时的女性而言，作家之路已经敞开。来到伦敦不久，她便与自由主义左派刊物《威斯敏斯特评论》的主编约翰·查普曼成为朋友，后成为其左膀右臂。不过，乔治·艾略特必须时常保持低调，因为女性编辑总能触碰到作家和记者敏感的神经。同年，乔治·艾略特邂逅了刘易斯，毅然决然地跟已有妻室的刘易斯同居。这种状态从1854年一直延续到刘易斯去世，即使当时的社会难以容下这般行为。

玛丽·安是一位学识渊博的女子，她精通希腊语、拉丁语、法语和意大利语。在遇到刘易斯之后，她又一边学习德语，一边翻译路德维希·费尔巴哈和巴鲁赫·德·斯宾诺莎的著作——《基督教的本质》和《伦理学》。这两本书的翻译工作前后持续了许多年，直到玛丽·安去世后才得以出版。她深知自己不算美丽，也曾苦苦地暗恋过自己的上司查普曼，那是一个风度翩翩的男子，不过已有家室。1869 年，初来伦敦的亨利·詹姆斯刚满 26 岁，正值青春年少，风华正茂。他在写给父亲的书信中这样描述玛丽·安——"长着一张笨拙马脸的伟大女作家"，他也承认，"在那普通的面容下，藏着一个有趣的灵魂，能够瞬间抓住你的眼球，捕获你的心扉，使你沦为爱的俘虏"。詹姆斯这话不无道理，因为在刘易斯去世之后，爱神再度光临艾略特，61 岁的她与一个比她小 20 岁的男子步入了婚姻的殿堂。

刘易斯一方面无私地爱着玛丽·安，另一方面又鼓励她投身创作。1857 年 1 月，玛丽·安撰写了人生中的第一部短篇小说，并将其发表在《布莱克伍德爱丁堡》杂志上。这是她化名乔治·艾略特发表的第一部短篇小说（共三部）。由于刘易斯已是这本杂志的撰稿人，乔治·艾略特的首部短篇小说也因这层关系被接受了。《教区生活场景》就这样进入公众视野。小说的书名虽然在今天看来已不那么吸引眼球，但就内容的深度和神学思想而言，在当时的确算得上一部出类拔萃的作品。《教区生活场景》描述了作者家乡华威郡一个牧师的日常生活，其中加入了许多自传素材以及在宗教、爱情和社会习俗方面的异类思想。查尔斯·狄更斯读完小说后激动不已，通过出版商致信乔治·艾略特，他在信中尤其对作者的性别提出了质疑。"我想，我也应该使用这位最杰出作家选用的名字，我想不出一个更贴切的名字；却跃跃欲试……想要把他看作一个女人。我在这些引人入胜的故事中总能找到一些女性特征，即使此时此刻，扉页上的种种保证仍无法满足我的好奇。"狄更斯接着在信中写道："如果这三个故事真的是一个男作家所写，我敢说，自开天辟地以来，从未有过一个男人能像这样透过女性的视角，有着如此女性化的思想。"

乔治·艾略特随即给苏格兰出版商约翰·布莱克伍德回了信，她怀着兴奋又激动的心情强调，在这种情况下，"无名铁面具"使她感到痛苦，因为她无法告诉狄更斯自己有多么高兴。尽管如此，乔治·艾略特也不打算放弃原来的选择，正如她在此前已经解释过的："不论我的故事能否取得成功，我心意已决，要继续保留匿名，我相信笔名可以起到保护作用，使作家的声誉不受损害。"刘易斯的完美配合及布莱克伍德的谨慎行事，使得这个秘密得到了很好的保守。早年在伦敦的时候，布莱克伍德前往二人家中做客之际，便得知了这个秘密。

一直到1859年，乔治·艾略特才发表第一部真正意义上的长篇小说《亚当·比德》，作品一问世便好评如潮。当然，能抵御得住巨大成功的诱惑也实属不易。这部小说讲述了一个发生在英国乡村的爱情悲剧，书中充斥着绝望和诱惑，还有一起杀婴案。这部作品的名气使人们纷纷探寻作者的真实身份。上至维多利亚女王、大仲马、狄更斯，下到平民百姓，都是《亚当·比德》的书迷。甚至还有人试图窃取小说的著作权及相关的经济利益，但一切都徒劳无功。玛丽和乔治，哦不，应该说，乔治和乔治，作者选择这个名字就是为了向自己一生的挚爱刘易斯致敬，二人因为一个最世俗不过的原因露出了马脚。少数朋友看出了端倪（不要忘了，婚外情在当时的社会遭到摒弃）。二人的生活品质发生了变化。随着《亚当·比德》销量的攀升，二人俨然已忘了脸上戴着的那张铁面具，相继购买了豪宅、名贵家具以及其他彰显生活品质的物品，还雇用了仆人。家中的宾客也很自然地产生了疑问和猜测，对二人的事情或多或少地表现出确信，他俩也强烈要求好友们保持沉默。

几个朋友都信守了诺言，不过这个维持多年的秘密很快就泄露了。1860 年，随着《弗洛斯河上的磨坊》出版，整个英国再也没有人对乔治·艾略特的身份表示怀疑。值得一提的是，那时候，匿名已不再是一个必要的选择。当初决定使用匿名身份是为了保护女作家（被世人看作道德败坏），不让事情雪上加霜。玛丽·安虽不在意世俗的眼光，却也担心世人会因她的个人问题而戴着"有色眼镜"去阅读她的小说。然而，乔治·艾略特现在的受欢迎程度，已渐渐让社会消除了对她的抗拒——一本本书问世，直到《米德尔马契》（以连载方式发表于 1871 年至 1872 年间），因剧情和主题的广度，被誉为当时的巨作。从社会关系到女性角色，从宗教到世事险恶，乔治·艾略特被当之无愧地公认为英国最伟大的女性作家。

玛丽·安与夏洛蒂·勃朗特相似的地方在于，她私下里也愿意以刘易斯夫人署名，这对于当时的社会确实是一个不小的挑战，但她更加坚持在真名与笔名、作者与文学作品之间划上界限。卡梅拉·西尤拉鲁在《笔名》一书中写道，曾经有一个莽撞的签名收藏家脱口直呼她为玛丽·伊万斯小姐，玛丽·安冷冷地训斥并告诫他根本不存在什么照片，更不可能获得签名或赠言，因为很显然他认错人了，乔治·艾略特才是那位著名的大文豪。至于玛丽·安·伊万斯，只能是刘易斯夫人，一个有自我意识、有抱负且有心上人的普通女人，她冲破了维多利亚时代的种种社会枷锁，自由洒脱地活出了自己。

这个案例并非史无前例。类似的情景也在法国上演。同一时期，同一文学笔名。乍看之下，乔治·艾略特和乔治·桑之间似乎没有太多共同之处，除了一点，那就是前者拜读后者的作品并崇拜她。这位法国女作家优雅端庄、婀娜多姿，出身于一个大家族（她的母亲曾是演员，很有可能做过风尘女子）。她立志要活出独一无二的精彩人生，挑战甚至蔑视社会禁区（这一点令人联想到另一个乔治）：她没有避世的态度，如果有的话，也是一种戏剧性的入世态度。为阿芒迪娜·露西·奥罗尔·杜邦（1804—1876）选择一个男性笔名，凸显了乔治·桑想要克服性别差异的野心。她的内心有着女性的温柔与柔软，却又喜欢穿上男式西装看世界，面对世人。

乔治·桑的母亲将其送入寄宿学校，或许是为了摆脱一个碍事又不听管教的女儿，又或许是为了避开她锐利的双眼，不让她看出自己得了抑郁症。乔治·桑一离开寄宿学校，便立马乔装成骑士，雄赳赳气昂昂地骑着高头大马。她常被误认为男性，更有佳人面带羞涩地向她表示好感——奥罗尔在回忆录《我的一生》中曾提及此事，并为此表示雀跃。这不是一个性别选择的开始，而是一种生活方式的选择。乔治·桑决定与男爵的儿子、27岁的年轻军官卡西米尔·杜德旺结婚，二人虽然相互吸引，却没有太多深层的情感交流。乔治·桑在回忆录中如此谈及这段平淡如水的婚姻："他从未说过爱我，他也承认自己是个没激情的人，或者也可以说，他不是一个喜欢风花雪月的人。"在这段婚姻结束后，乔治·桑有过很多情人，从普罗斯佩·梅里美（本书随后的章节会重点介绍）到阿尔弗雷德·德·缪塞，再到弗雷德里克·肖邦。另外，乔治·桑还有一段令人津津乐道的女性友谊，尽管无人能断言这其中是否掺杂了情欲。她积极参与政治活动，公开支持1848年的法国革命，却无法接受巴黎公社革命。

乔治·桑在 18 岁时结婚，后决定离开丈夫，带着两个孩子只身来到巴黎。她告诉丈夫将在巴黎和诺昂镇各住半年，实际上，乔治·桑很少回到曾经与丈夫定居的地方。身无分文的乔治·桑曾为生活奔波，但在邂逅了明日文坛之星——朱尔·桑多后，这段颇具诗意却穷困潦倒的波希米亚式生活也随之结束，生命发生了转折。二人的恋情虽未持续太久，桑多却是乔治·桑写作生涯的启蒙者和引路人，正是桑多将她引荐给《费加罗报》。1831 年，乔治·桑终于成为了该报的记者和评论员，她是报社编辑部唯一的女性，每栏的报酬为 7 法郎。与此同时，朱尔·桑多与乔治·桑以"J. 桑"的笔名（取自朱尔·桑多名字的缩写）合著了两部小说，分别是《代理人》和《粉与白》。小说大获成功，奥罗尔接受了出版商的要求，继续出版第三部作品，而桑多却拒绝了。这位年轻女作家此时要做的就是寻找一个新笔名，依照 19 世纪的传统，出版商要求她选择一个与前两部小说有关的男性笔名。

随着桑多从奥罗尔的生命中退出，乔治·桑应

运而生：她凭借着个人第一部长篇小说《安蒂亚娜》
（1832）一举成名。这本小说描述了男性性格中的粗暴
和自私自利，主人公是一个被丈夫与情人刺痛内心的
女人，乔治·桑把亲身经历写入小说。隔年，在《莱
莉亚》一书中，作者的思想更是体现得淋漓尽致。在
这里，女性人物也敢于大胆表达对爱人的失望。《莱莉
亚》为奥罗尔，哦不，为乔治·桑打开了一扇通往巴
黎文坛的大门。她从不刻意保持匿名身份：仍然常常
身着男装，叼着雪茄出现在公开场合。乔治·桑曾多
次在书信中解释说，这是一个划得来的选择。首先，
相对于女性的克里诺林裙和高跟鞋，男性的西服和靴
子更加经济实惠；另外，换下拖地长裙的乔治·桑，
可以随时随意出入公共场合。要知道，19 世纪的法国，
很多公共场合是明令禁止女性单独出现的。

　　乔治·桑没有任何想要捍卫的秘密。在《安蒂亚
娜》大获成功之后，她感觉自己仿佛重生了一般，通
过自身努力，她证明自己确实配得上"乔治·桑"这
个名字。一些关于乔治·桑先生的评价让她觉得着实

有趣，有时，评论会假设桑先生的背后有一位女参谋在为他出谋划策。奥罗尔的行为不同寻常，做事风格也是我行我素，这些都使她在巴黎出了名。意大利著名记者奥莉娅娜·法拉奇一定将乔治·桑视为姐妹，她在发表《一个装满樱桃的礼帽》时，故意将意大利语单词"樱桃"中的字母"i"去掉。法拉奇在书中缅怀"大胆的乔治·桑穿衣打扮也学男人，她换上正装，打着领带，戴着礼帽，叼着雪茄，风流事不断……她拒绝去圣堂，拒绝学习圣经、歌唱圣咏，更拒绝上帝。她与一位白发苍苍，手握小黑伞，住在拉格兰德路尽头博格诺夫大街12号的夫人来往，引得不少追随者嫉妒。这位夫人就是朱迪塔·西多利，朱塞佩·马志尼深爱的人"。

在这儿，必须对上面所描述的都灵地理做些更新，因为博格诺夫大街已经不复存在，如今是马志尼街。这条街是为纪念19世纪意大利共和主义之父——朱塞佩·马志尼而命名的。虽然很可惜没有机会将这条街道再次命名为西多利街，但矗立在这条街边的建筑上，依然挂着铭记朱迪塔的牌匾，这也再一次证明了现代人常说的那句话：每个伟大男人的背后，都有一个同样伟大的女人。那么，在一个乔装成男人的伟大女性背后又有谁呢？在乔治·桑的背后，当然站着阿芒迪娜·露西·奥罗尔。反之亦然。

第六章

名字的故事

这是一场庄严又隆重的葬礼，出席葬礼的有墨西哥总统、当地印第安居民和从世界各地赶来的宾客，葬礼的地点位于墨西哥最南部恰帕斯州的首府——图斯特拉－古铁雷斯。在这里，一名男子于 1969 年 3 月 26 日去世，当地举行了多场盛大的追悼会，而当前的一场是玛雅部落的传统祭祀仪式。玛雅人在 20 世纪 20 年代就认识了被称为托尔斯万先生的他，这个名字也曾多次出现在关于他的墨西哥记载中。玛雅后裔在偏远的村庄奥科辛格为他举行了守夜仪式，最后将他的骨灰撒在河中，流向茂密的丛林。人们告别的这个重要人物实际上是享誉墨西哥和美国的哈尔·克洛夫斯，他在最出名的时候还用过第三个名字，那就是布·特拉文。这位作家以这个笔名，先是在德国，后是在世界范围内取得了巨大的成功，也让墨西哥响彻国际文坛。他曾积极为弱势群体和无政府主义者、流浪者、被剥削者以及那些长期受压迫的印第安人发声。

克洛夫斯自称是在芝加哥出生的美国人。自 20 世纪 40 年代起，他一直以作家代理人和委托人的身份出现，即使他的好友和墨西哥城学界都知道他的真实身份。他们之所以为克洛夫斯保守秘密，是因为至少二十年以来，媒体和学界都在努力寻找这响亮的笔名背后究竟是何人。克洛夫斯在遗嘱中未曾提起生前的身份游戏，但在他去世后，年轻的遗孀称曾获得他的授权，向欧美各界人士证实了他们的猜想：逝世之人正是百万畅销书的作家。他的小说更是被拍成了电影（经典之作要数由约翰·休斯顿导演，亨弗莱·鲍嘉主演的《碧血金沙》），获得巨大成功。当然，克洛夫斯的成就远不止这些。在接下来的日子里，更多关于克洛夫斯生平的信息得到了披露：年轻时，他曾以另一个身份活跃于战后德国，销声匿迹了一段时间后，摇身一变，成了德国演员、记者雷特·马鲁特。

特拉文的"秘密"持续了很久，准确地说，是从他最初发表作品开始的。自那时起，特拉文便被视为和平主义的代表人物以及魏玛共和国政治和文化的左翼分子。贝托尔特·布莱希特一直暗中默默崇拜着特拉文，后者最有名的著作《亡命船》更是为布莱希特提供了创作灵感。特拉文不仅是爱因斯坦最喜欢的作家，也受到反纳粹人士的喜爱。库尔特·图霍夫斯基（图霍夫斯基在写作生涯中也会使用许多笔名，这一点就目前而言，不太重要），魏玛共和国时期最负盛名的记者、讽刺作家，曾称赞特拉文是"极为重要的旷世才俊"。1974 年，在时任墨西哥总统前往维也纳进行国事访问期间，奥地利总理布鲁诺·克雷斯基向总统提出的第一个问题便是有关特拉文的生平及其著作。墨西哥总统路易斯·埃切维里亚不顾时差，深夜致电罗莎·埃琳娜·卢扬女士，询问特拉文的生前之事，使卢扬女士受宠若惊。

克雷斯基在收到赠书后曾致信表示，对于他这一代人而言，《亡命船》的作者就是"我们青年时代的伟大诗人和活动家"。克雷斯基曾在纳粹监狱中读过特拉文先生的著作。他不是唯一一位喜爱这些作品的政治家。丹麦社会民主党党魁汉斯·克里斯蒂安·汉森在1955年至1960年，即包括去世的那一年，还翻译了特拉文先生的多部作品。正如美国著名评论家保罗·索鲁所说，特拉文不仅是最受欢迎的作家之一，还是"本世纪最神秘的作家"。不少学者谈到特拉文时都津津乐道，尤其是那些研究过特拉文文献的德国专家。当然，这里还有身份问题，但从未得出任何明确且被大众接受的结论。唯一得到各界人士肯定的是，特拉文从20世纪20年代开始侨居墨西哥，其间更名改姓过至少两次，在被德国政府通缉并成功逃离前，曾在巴伐利亚参与临时共和国议会理事会。他在1918年末至1919年5月那段暴力又血腥的日子里，以雷特·马鲁特的身份活跃在外。

马鲁特先生与哈尔·克洛夫斯是两个截然不同的人，但两者间的差异并不是体现在思想上：这个文人一生动荡不安、身无分文，时常被当作边缘人士。第一次世界大战结束后，马鲁特在短短的几年中干过多种不同性质的工作，还当过演员，但都没有取得太大的成就。他先是在摩纳哥干出版业，之后又短居于科隆，除了发表一些叙事性文章，还为杂志《烧砖人》撰稿（内容几乎都由他完成）。该杂志的腔调以和平主义和无政府主义为主，主要通过邮寄的方式出售。1917年至1921年间，该杂志共发行过十三期。最后两期出版的时候，马鲁特先生因被判死刑而开始了东躲西藏的生活。

然而，针对他的研究进行到这里，仿佛遇到了层层迷雾：因为雷特·马鲁特也是一个笔名，尽管出现过许多假设，但仍然无法确定其"户籍"姓名。多年来，有人会掉入那个似乎由布·特拉文（尽管一直努力保护自己身份的秘密，身在墨西哥的他也善于在欧洲制造与自己有关的话题，时不时地还接待一些记者和学者）亲手设下的陷阱，猜测他是德国霍亨索伦王朝皇室的后裔，即皇帝本人或某个亲戚的私生子。还有一些人则认为特拉文只是某个德国铁匠的学徒，1923年似乎就在伦敦失去了踪迹，那一年也正是马鲁特因非法入境英国而被逮捕入狱的时候。其时，马鲁特自称出生于 1882 年，名叫汉斯·奥托·法伊格（外界传闻他工人身份的说法便是由此而来）。然而，没有任何证据能够证明马鲁特不是盗用了他人的身份信息，身为逃犯的他，为了不去冒险且不被引渡回德国，一定是伪装成了某个熟人。

我们知道特拉文逝世的日期，却不知道他的出生日期：可能与法伊格的出生日期一样，又或许，正如他向墨西哥当局报告的那样，是 1890 年。卡尔·古斯克，是首个被允许查阅这些资料（资料很丰富，其中包含了他在瑞士的欧洲代理人拥有的资料，后者去世后，这些资料被寄往墨西哥城）的传记作家。古斯克从中得出的结论是，或许连布·特拉文／雷特·马鲁特本人都不清楚自己的祖辈究竟是何人，更没有给后人留下任何有用的线索。特拉文不仅努力保护自己的笔名，还是一个善变者，深深沉迷于伪装游戏。据他的夫人所言（创办《烧砖人》杂志时期的一位好友同样认为）：特拉文在过去曾遇到过一些让他惊怕的事情，或许是他不愿提及的事情，在他看来，关乎人身安危。也有可能，这个带有传奇色彩的故事由逃亡作家自己编造出来，是他诸多面具的其中一个。

特拉文惧怕摄影师，一旦他感到压力过大就会消失得无影无踪。侨居墨西哥期间，特拉文先生先后使用了两个不同的身份。一个是摄影师布·特拉文·托尔斯万，他以布·特拉文之名发表了一篇关于恰帕斯州部落文明的研究报告。很快，这个报告以特拉文的名字被出版成书，一炮而红。之后，一位墨西哥记者成功采访了他，并开始对他施压（虽对他在摩纳哥的过去仍不了解，只知道这个著名笔名背后的身份），于是这位作家从公众视野中消失。他离开了阿卡普尔科的清贫生活，以全新的身份——哈尔·克洛夫斯出现在墨西哥城。他的德国出版商（后因纳粹主义逃亡瑞士）对他更是一无所知。他们手上仅有的线索就是一个邮寄地址和一个仅供名叫"布·特拉文"的神秘人与其他熟人共享的版权指示。这些熟人包括墨西哥未来总统（任期1958—1964年）阿道夫·洛佩兹·马特奥斯的妹妹、美丽迷人的埃斯佩兰萨·洛佩兹·马特奥斯，及其妻子（有一段时间，还有瑞士籍经纪人约瑟夫·维德）。出版商收到大量因大西洋风暴而延迟寄到的信件，每次被问及公开真实身份，得到的答案永远只有一个：重要的是作品，而不是作者本人。

目前，我们对布·特拉文的了解即使仍不够全面，但已然很多了。尽管还存在疑点，他的生平从（20世纪）头十年起，已被较为精确地"重建"。在德国的冒险逃跑和英国的被捕经历之后，马鲁特成功抵达墨西哥坦皮科港。这是墨西哥湾一个重要的石油开采中心与工业城市，到达之前他似乎经历了沉船。那是1924年的夏天，这位神秘的作家在海上航行了两个月，以半黑户的形式冒充没有证件的水手。这次经历激发了他创作《亡命船》的灵感。之后，等待他的是疲于奔命的日子："他曾在工厂当过工人，做过可可豆、番茄、杏子的采摘员，骡子饲养员和猎人。"马鲁特在写给出版商的诸多信件中，谈及了自己在异国他乡写作过程中的遭遇——在丛林隔绝的小屋中，被蚊虫、毒蛇、凶猛野兽和各种困境围绕。

尽管条件恶劣，他在极短的时间内就完成了整整两部小说：除了《亡命船》（"我在二十天内写完"，他骄傲地说），还有《摘棉花者》。这两部小说都于1926年由古腾堡比彻吉尔德出版社发行。该出版社与自由俱乐部有联系，并支持社会民主人士。然而，其实早在1925年，第二本小说的部分内容便以连载的形式发表在社会民主党的党报《前进报》上。马鲁特在创办《烧砖人》杂志时，曾以"左派"的身份针对《前进报》发起激烈批评，指控其煽动叛乱。

尽管创作环境非常艰苦，特拉文的一炮而红为他巨大的创造力开启了一扇窗户。

1927年，他的另一部小说《碧血金沙》（战后被拍成电影，享誉全球）出版，而《丛林之桥》随后也在《前进报》上连载。1928年，另外两部作品问世：短篇小说集《丛林》和游记《春之地》，其中还附有特拉文亲自拍摄的照片。1929年，古腾堡比彻吉尔德出版社再次出版了他的《白玫瑰》及《丛林之桥》。1931年，所谓"桃花心木系列"七部小说中的前两部被印刷，这是为了纪念1910年墨西哥革命之前，印第安人就已开始的对新统治者的反抗。短短几年内，特拉文在坦皮科的茅草屋里尽其所能，自我封闭（除了第二次丛林之旅）。如此不可思议的创造力引起了学者们的质疑：如果说《亡命船》的确是以作者的真实经历为创作蓝本，从颠沛流离出发，描述这段由英国偷渡坦皮科的往事，那么，他又是如何做到在短时间内，收集到创作《摘棉花者》所需素材的呢？特拉文在这部小说中披露了墨西哥采摘棉花者的情况，以此为写作背景。许多年之后，有人提出了假设，认为或许他人为作者提供了相关素材，甚至是小说初稿。这个"影子作家"让整个事件变得越加扑朔迷离。但以上种种假设都没有任何文献依据，所以猜测也仅仅是猜测而已。那些最可信的传记家坚信，特拉文独自完成了所有的作品，就如缪斯女神降临一般，一抵达墨西哥就开始向熟悉的德国报刊发送稿件和一些短篇小说。其间，特拉文一直是以美国籍作家的身份示人，声称由于无法在母国找到合适的出版商，他还早已经把小说的译稿准备好了。

幸运女神出人意料地降临在特拉文的头上：他的初期作品不仅大受《前进报》欢迎，报社编辑部更是主动将其创作寄给比彻吉尔德出版社。在跌宕起伏中，特拉文与该出版社的合作几乎伴随一生。《亡命船》一经问世便受人瞩目：出版商在 1931 年证实了其发行量高达十万册，该作品还被翻译成荷兰语、丹麦语、挪威语、瑞典语、西班牙语、法语、塞尔维亚－克罗地亚语和波兰语在海外发行。1936 年，据计算，德语地区的销售量达到了五十万本。那个时候，特拉文切断了与德国的一切来往——他的小说在那儿问世后不久也被列为禁书。为了表示对那些逃亡苏黎世的出版好友的忠心，特拉文决定从纳粹化的比彻吉尔德出版社撤回版权。

在独裁统治的那些年（尤其是战争时期），特拉文被排除在欧洲市场之外，后果是他遭遇了严重的经济困难，即使成功依旧。特拉文曾多次尝试在美国出版作品，都再无下文：1934年，特拉文先后在伦敦和纽约发售《亡命船》，销量都不太理想。小说在内容方面与德文原著多有出入，从特拉文保存的英文初稿可以看出，他所做的远不只是简单的翻译工作，可以说是在重写小说，对书中的部分情节加以修改。不少编辑证实，当中存在大量的德语习语，使作品变得面目全非，需要极细致的编辑工作（这一情况也进一步佐证了作家称英语为其母语的说法不属实——令人好奇的是，在寄给比彻吉尔德出版社的手稿中不乏美国习语的存在）。

作者在美国成名要等到战后，他的经济困境注定还要持续一段时间，这本关于绝望水手的书还会在未来继续给他大量惊喜。正如我们说过，《亡命船》被公认为特拉文最优秀的小说，其中很大程度包含了其自传成分。简而言之，这个故事以第一人称的形式，讲述了一个错过航班的美国人，如何因没有合法证件而在安特卫普被逮捕并被驱逐出境。他游荡于欧洲各国，尝试在美国驻巴黎的领馆被认可为公民（未成功）。经过此次沉重的打击后，他成了一个没有名字、没有身份，甚至连生存权利都几乎没有的人。就这样，他登上了一艘小船，一艘"死亡之船"——在起航之前船东就已决定制造船难，骗取保险金。同时，这也是一艘"亡者"之船，船员皆是没有合法身份的黑户。几经波折后，他终于登上了另一艘船，但却又是一艘注定要沉没的船。在故事的结尾，历尽磨难的主人公，成了海难中唯一的幸存者。

就雷特·马鲁特来看，这部小说几乎是自传：先后在德国和英国伦敦被捕，他多次试图证明自己的原籍和美国公民身份，但徒劳无功。对他来说，作品中的水手代表着资本主义剥削的受害者。他写道："这些人是自由劳动者。他们是自由的、挨饿的、失业的、疲惫的，并且骨头断裂，肋骨被挤压，双脚、双臂和肩膀被灼烧。由于他们不是奴隶，他们被迫登上任意一艘小舟，即使那只小舟注定要沉入海底，因为船东早已打算骗取保金。"他们的下场甚至比奴隶还要悲惨，就宛如当今的"角斗士"，那些死在"烂泥和污水中"的人。作者借书中的主人公发言："筋疲力尽到无法洗脸。我们没有名字，没有灵魂，更没有祖国、没有国籍。我们什么都不是，一无所有。"

马鲁特先生的无政府主义哲学成就了布·特拉文的诗歌：水手作家不是"一无是处"，真正重要的是唤醒人们良知的作品。此后，这位自恋的隐形作家自我膨胀，继续以笔名作为掩护进行宣传。这是一场精心策划的自我炒作。名字游戏带有挑衅，甚至几分虚张声势的味道，这也很好地证明了马鲁特其实并未忘记过去作为演员的经历。笔名好似一个梦幻般的舞台，当然，其中也牵扯到政治。他在舞台上一边向公众推销自己，一边又矢口否认。

在西班牙内战爆发期间，特拉文在巴塞罗那某报纸上发表长篇文章，表示支持共和国并甘愿效劳，但是，民主和社会主义事业需要的不是知识分子站队，而是武器。特拉文补充说，如果是他掌权，一定会出资购买军备，但遗憾的是，他的经济状况仍旧糟糕。人们后来发现，淡泊钱财的特拉文曾为素未谋面的德国出版商提供资金，帮助流亡海外的他们渡过难关。他一贫如洗，有时会在信件中透露，即使他的小说大卖，他拥有的也不过是身上穿着的那条裤子。无论是在坦皮科，还是后来的阿卡普尔科，特拉文一直过着清贫的生活。1931 年，他在埃斯佩兰萨·洛佩兹·马特奥斯的帮助下，搬到了阿卡普尔科（当时尚未成为旅游胜地），埃斯佩兰萨为他在城外的一个果园内租了一间棚屋。特拉文唯一的奢求就是进入大学学习，在那儿他研修了人类学、历史学和墨西哥文化学等课程。在大学期间，特拉文邂逅了一个其貌不扬，却对他影响深远的人：那便是他后来的妻子——罗莎·埃琳娜·卢扬。

如果说，在此之前，特拉文全身心投入研究土著人的原始文化，现在的他则是墨西哥首都文人圈的常客。从美丽的意大利摄影师蒂娜·莫多蒂到里维拉与西奎罗斯等艺术家，这个交际圈使特拉文不禁回忆起曾经在摩纳哥的岁月。当然，在交际过程中，他一直隐藏自己的真实身份，而且他还需要提防大批逃往墨西哥避难的德国流亡人士。那个团体对于他来说是危险的存在，有可能被这些人认出自己就是当初的马鲁特。

人们很快便开始怀疑他，起码 20 世纪 40 年代的文学八卦，引起了作家的强烈反感。在一封 1948 年写给德国出版商的书信中，特拉文谴责了那些可能会散布谣言的人，并指名道姓提到了两个德国学者。其实，在遥远的德国，似乎也已经有人在特拉文初期发表的小说中，发现了马鲁特的影子。这件事并未继续发酵。所有的传言、假设和线索最后都汇聚到了莱比锡大学教授罗尔夫·雷克纳格尔从 50 年代开始的研究当中。

初期的研究得到了一部分人的认可，以至于这位大作家不得不于 1960 年再次出面否认这些说法，但他还是在暗地里沾沾自喜，并串通在瑞士的代理人约瑟夫·维德，发明了一种全新又有效的宣传手段。那就是一份在出版界免费发行，名为"BT"的简报，维德负责撰写其中的大部分内容。除了为特拉文和那些对他来说能够促进传奇的人做作品宣传，还反驳所有关于其身份的猜测或发现。1966 年，雷克纳格尔发表了多年的研究成果（《布·特拉文——对传记的贡献》，莱比锡首版），他在书中提供了相对可靠的证据，证明雷特·马鲁特与布·特拉文之间有着一定的延续性。这位著名作家又一次做出了反击，表明自己还活着。德国学者雷克纳格尔至少在研究的最初阶段，陷入了一个耐人寻味的盲区之中，那便是以为特拉文逝世已久，关于他的死讯，版权继承人则一直沉默不语。

保护自己，隐藏自己，投几颗烟幕弹，甚至布下迷魂阵，这些于特拉文而言就是生命意义之所在。然而，无论从生存状态或从心理角度来看，他都为之付出了不小的代价。休斯顿执导的《碧血金沙》于 1948 年一举获得三项奥斯卡奖，随着影片的风靡全球，特拉文的名字（确切地说是他的笔名）更是成为世界关注的焦点。在电影上映之际，一位墨西哥记者在布·特拉文位于阿卡普尔科的家中与他会面，或许是在非法查证了关于他的文件后，爆出一条爆炸性新闻，即特拉文·托尔斯万承认自己就是那个神秘作家。

惊恐万分的作家一如既往地选择了消失，再一次，也是最后一次换上了一个全新的身份。那便是哈尔·克洛夫斯。在此之前，特拉文曾借助这个名字，以顾问的身份出现在《碧血金沙》的片场。从那以后，无论是在国际旅行还是德国境内的旅行中，他都一直惯于使用哈尔·克洛夫斯这个身份。然而，在1963年，一名叫格尔德·海德曼的德国记者（还在《亮点》周刊发表了长篇报道）在经历一次失败后，成功地将特拉文拦截。这让特拉文备感威胁，导致他患上了神经衰弱症。一天深夜，特拉文的夫人突然发现他正往点燃的壁炉中投掷文件。四十年过后，这些文件是否与雷特·马鲁特的过去有关？同一年，墨西哥某杂志刊登了一张罕见的特拉文与妻子同框的照片，图片的介绍文字如下：这就是布·特拉文（而不是哈尔·克洛夫斯）及其妻子。这张照片的曝光并没有使他像很久以前的第一次那样过于焦虑，那次的经历犹如噩梦一般困扰着他，使他一生感到恐惧。

观察优雅的克洛夫斯很有意思：宽松的外套、拼色的羊毛背心，绅士造型，不论是从行为举止、穿衣风格，还是从体形、面貌来看，都与托尔斯万有着天壤之别。正如当年与《烧砖人》发生争执的编辑托尔斯万一样，他改变了装扮和名字，却无法躲过强迫性的重复、逃离，以及对成功的焦虑（因为克洛夫斯深爱着自己的作品，始终坚信它们有自己的声音，想对人类诉说着什么，也正因如此，才需要更多的知音）；此外，他还害怕出名，从去墨西哥冒险之初便是如此。

1926 年，当德国出版商要求特拉文提供其个人信息与照片时，他明确地回答："一个创作者的简历并不重要。如果一个人不能以其作品脱颖而出，无外乎两个原因：要么此人微不足道，要么作品毫无价值。为此，创作者不应有任何简介，他的作品就是他唯一的介绍。正是在作品中，他向世人展现其性格和生平。"
面具也有其黑暗的一面。在古斯克找到的一页日历
（1967 年 5 月的，那时作家的生命已将走到尽头）上，
特拉文用英文在背面写道："匿名是一种威胁，潜在的
危险。"

　　特拉文一直在简报"BT"上称，首字母 B 不代表
任何人名，不是布鲁诺、本诺、伯纳德，或本，应该
保持原样不变。直至去世，特拉文仍停留在无解之谜
中，在某种意义上沦为神秘笔名之囚，游荡于恐惧和
兴奋中。哪怕是档案或妻子的佐证，都无法解释造成
这一切的根本原因，更不能解释自《亡命船》开始，
是怎样的强大动力在推动着这一切。特拉文是 20 世纪
最精彩、最典型的笔名代表人物，也是最彻底拒绝名
字的人，甚至到了遗忘或精神分裂的边缘。特拉文仿
佛通过笔名的掩护为自己构建了一个不能说的秘密，
或许无法被认知，犹如改变名字是为了改变自我。

　　如今，文学界对于布·特拉文的热情也许消退了
一些，较之过去，已没有那么多人阅读这些令人热血

沸腾的作品了。但他的身影似乎又在另一部作品中出现，而且不论从哪个方面来看，该作品都可以称得上一部经典的笔名小说。如果我们从这个角度去阅读罗伯托·波拉尼奥的代表作《2666》，很难不去联想这位2003年去世的智利作家在创造汉斯·莱特时，有没有参照过特拉文。这个虚构的作家引得四位学者一同前往墨西哥寻找其踪迹，却从未得以见到他。《2666》出版于千禧年初，作品是一个巨大的迷宫，由五个彼此独立却又首尾呼应的部分组成。该作品原本计划在罗伯托·波拉尼奥去世后依序出版，尽可能多地为其家人留下一些物质财富。

连接作品不同部分的主线是一位署名本诺·冯·阿琴波尔迪的神秘德国作家。他不为大众所熟知，却由四个来自欧洲不同国家的学者偶然发现。这些学者肯定了他的文学作品，并尝试去遇见他，发现他，揭开其笔名的面纱，若有可能，甚至亲自伴随他获得诺贝尔奖。他们追寻着来到了墨西哥的索诺拉州。

本诺·冯·阿琴波尔迪是作家年迈时使用过的名

字（显然取自 16 世纪的意大利画家朱塞佩·阿尔钦博托，他以精湛的手法描绘蔬菜、水果、鱼、鸟、书本，并奇妙地把各类物品或自然元素与人像组合在一起），或许是为帮助一个被逮捕并被冤枉成杀人犯的侄子，又或许只是为了再见妹妹一面。可对于他的追寻者而言，"本诺·冯·阿琴波尔迪"是一个永远无法触碰的幽灵。即使学者们认识这个名字，也无能为力。波拉尼奥似乎在暗示我们：笔名永远只是笔名而已。

他随后做了些补充，如：新名字源自一次偶然的机会，那是在 1945 年的科隆（马鲁特待过的地方，也是其在德国的最后一个藏身之地），刚从盟军集中营获释的阿琴波尔迪正打算租一台不可缺少的打字机。他刚刚勒死了自己的狱友，一个嗜血的纳粹分子，后者向他坦白了自己的暴行并似乎觉得可以因此逃脱惩罚，而现在却必须为此付出代价。阿琴波尔迪担心后果；为了不冒险，他对出租人说："先生，我叫本诺·冯·阿琴波尔迪……如果您认为我在开玩笑，那我最好还是离开。"从那一刻起，阿琴波尔迪再也无法摆脱这个名字，仿佛被吞噬了一般。之后，又将偶然地不停"离开"。

我们正处在 20 世纪特有的道路上，从偶然迈向必然——这是所有（或几乎所有）重大笔名事件的特征。波拉尼奥不仅是一位博学多才的作家，还是这方面的大师。甚至可以说，偶然与必然之间的联系是他所有作品的核心所在。汉斯·莱特或本诺·冯·阿琴波尔迪的思想深深扎根于波拉尼奥的内心，恰如人物的特殊、无法表达除拒绝以外的任何意见，以及同样颠沛流离的一生，等等。我们差不多可以称之为"布·特拉文式"。

莱特是一名在苏联战场上失踪的德国士兵，误闯进一间苏联农民的小木屋后，在角落找到了一本属于原主人的日记。这是一个名为杨斯基的消失在茫茫人海中的人，他在日记中讲述了斯大林主义时期化身幽灵作家的精彩冒险之旅。莱特从记述中了解到，这个杨斯基曾写过一篇论述文学未来的文章，其开头和结尾的用词都是"空"。即使特拉文是无产阶级的积极发声者，若是将类似的想法用于他所关心的话题（将作品与创造者的空相比较），他也一定不会觉得陌生。

第七章

为了爱情或为了欢笑

　　1954 年，欧内斯特·海明威获得诺贝尔文学奖，他的纽约记者朋友哈维·布赖特打电话到古巴农场时，海明威表示自己因获奖而感到很幸福。是的，他又补充说，如果这个奖项颁给"那位出色作家伊萨克·迪内森"，他会更高兴。其原因可想而知：迪内森写出了对肯尼亚风土人情的熟悉和眷恋，其对于人性、命运和勇气的细致刻画都使《非洲青山》的作者海明威为之倾心、迷恋。毋庸置疑，卡伦·布利克森当时的笔名纯属随性而选，迪内森就是她的娘家姓，她在文学生涯中还使用过奥塞拉、彼得·劳里斯和皮埃尔·安德雷泽等笔名。但迪内森是最重要、最容易看懂的一个，这就是她出生时的姓氏。这个姓氏伴随着她一路走向美国文坛，走向成功。在整个文学史上，这或许是最少被辩白和维护的笔名。即使在真实身份曝光后，迪内森依旧使用这个笔名在英国市场出版作品。媒体曝光了她的真实身份，这貌似已成为一个规矩。

1954 年，布利克森与最高文学荣誉失之交臂。对于大部分英文读者来说，她一直都是迪内森，虽然众所周知她就是那位神秘的丹麦男爵夫人。布利克森很久以前就已经放弃了掩饰自己的身份。她凭借《我的非洲农庄》被提名诺贝尔文学奖时，也完全没有试图隐瞒身份。布利克森在丹麦电视台的节目中表示，于她而言，这位美国作家的话比两个诺贝尔奖更有分量（当然，经济层面除外）。她忽略了海明威提到三位作家并将自己与另外两位美国作家比较一事。这两个美国人分别是艺术史学家伯纳德·贝伦森和诗人卡尔·桑德堡，后者也是海明威最心仪的候选人。长期为布利克森工作的助手克拉拉·斯文森在回忆录中表达了自己对布利克森的想法：她"真的非常看重名利，至少与丹麦同胞安徒生一样看重"。那么，这些笔名真的轻如鸿毛吗？

布利克森这么做其实事出有因，这一切都更多与她坎坷的人生经历相关，而不是试图博得读者和出版商的重视。在此，我们还可以将这一切视为布利克森向父亲传达爱的方式。她的父亲曾名扬海内外，在作家10岁时，自杀结束了生命。威廉·迪内森生前是一名士兵和探险家，先后经历了1864年的普丹战争和1870年的普法战争。之后，威廉·迪内森动身前往美国，开始了新的冒险旅程。在未来的两年里，他成了一位与美洲原住民部落关系密切的猎人。1874年，威廉·迪内森重返丹麦，到处购置产业（其中包括布利克森曾经生活过的地方，现已成为布利克森博物馆），并与富商、财政部长之女结婚。然而，这一切并不意味着一位乡绅从此将过上平静安逸的生活。威廉·迪内森开始投身政治，成为一名成功的政客，以笔名"博加尼斯"（意思是"榛子"，齐佩瓦人为他取的名字）

出版了一本讲述在印第安部落所见所闻的书。正如此前所提，威廉·迪内森最终还是选择了自杀。布利克森于1959年接受采访时谈及父亲的家族成员，称他们都很有人格魅力，却不懂得如何面对生活，每个人都天赋异禀，但对人生期望过高。当然，布利克森本人亦无法独善其身。

布利克森很早就开始投身写作，发表作品，但并未取得太大成就。1907年至1908年间，有几篇署名为奥塞拉的短篇小说和一篇长诗被发表在丹麦的某报刊上。奥塞拉是20世纪初一位印第安酋长的名字，威廉·迪内森也曾为其猎犬取名奥塞拉。此外，布利克森还在讽刺杂志上发表了一系列喜剧短篇，署名为彼得·劳里斯，这个笔名的灵感可能来自史蒂文森小说《黑箭》中的一个人物——隐修士威尔·劳里斯。这位女性作家当时年仅23岁，史蒂文森是她最喜爱的作者之一。布利克森之所以会选择这个笔名，或许是为了表达对上流资产阶级生活的厌恶。

伊萨克·迪内森这个笔名则源自幽默和喜乐。布利克森后来解释说，她在《摩西五经》的第一经中找到了这个笔名的灵感。在第一经中，当上帝告诉年迈的撒拉她将迎来一个儿子时，撒拉开怀大笑，决定为孩子取名伊萨克（又译"以撒"），意为喜笑颜开之人。这一切都发生在布利克森旅居非洲多年之后。她决定重拾婚后放弃的写作爱好，不仅是为了自我疗伤，更是为了帮助自己开启新生活。或多或少，布利克森希望借此将父亲的精神传承下去。

1913 年 12 月 2 日，一生历尽坎坷的卡伦·布利克森迎来了一个决定性的转折。其时，她一个人漂洋过海，追随未来的丈夫、瑞典男爵布鲁尔·冯·布利克森－芬纳克远赴殖民地。这位贵族男子比卡伦·布利克森小一岁，虽然风度翩翩、优秀出众，但很快显露出自己无能的一面。卡伦·布利克森在她的代表作中提到，二人在蒙巴萨完婚后，随即在肯尼亚姆巴加提地区购置土地，经营咖啡种植园。这场冒险之旅注定会是一场漫长的旅程，充满曲折磨难（不仅有经济问题），直到 1931 年才画上句号。刚刚成为男爵夫人的卡伦·布利克森努力经营着咖啡农场，相反，她的丈夫越发变成生活的累赘。1914年8月，随着第一次世界大战爆发，战火蔓延至非洲，这导致农场面临越来越多的困难，工人和原材料的供应都极为短缺。此外，牲畜瘟疫、1915年至1918年间发生的严重干旱以及1917年英国禁止咖啡进口等问题都让他们的处境雪上加霜。

想要继续留在非洲就需要坚定的意志和大量资金。但更糟糕的是，新婚才几个月的布利克森被确诊患上了梅毒，可能是被丈夫传染的。虽然她最终被治愈，但在治疗过程中服用的药物导致她严重汞中毒，这使得她一生都为此饱受折磨。但这几年间的遭遇并不能阻止似乎已经彻底放弃写作的她继续积极，甚至快乐地生活。非洲使卡伦·布利克森快乐，这片土地对于她的意义远大于威斯康星州对于她的父亲。1918年，卡伦·布利克森邂逅了一位名叫丹尼斯·芬奇·哈顿的英国猎手，二人一见钟情。此人贵族出身、英俊潇洒，富有冒险精神。布利克森在写给亲人的家书中从未回避过这段恋情。此时，她与丈夫的婚姻早已名存实亡。不过短短几年时间，布鲁尔便提出离婚。不知为何，卡伦·布利克森一开始并不同意离婚，几经周折，二人才好不容易结束了这段婚姻。在此之前，这位瑞典男爵在管理咖啡种植园的公司担任经理，却一直不用心经营，导致效益不佳，因而被解雇了。现在轮到全权负责咖啡园相关事宜的卡伦正式接管，这对当时的习俗是个巨大的挑战。卡伦是企业的灵魂，她从不轻言放弃。她的命运与非洲紧紧相连，那里是她想要继续坚守的地方。

卡伦·布利克森怀着满腔热情奋战，最终却以失败告终。这并非是她的投降，而是她的债权人决定就此结束。咖啡农场被拍卖，濒临破产的她只能回到丹麦。只不过，是孤身一人。就在离开非洲的前几个月，她曾经的挚爱丹尼斯·芬奇·哈顿在一次飞行中坠机身亡。其实，卡伦和丹尼斯的关系早已开始降温，或许主要是因为这位出色的猎人在威尔士亲王访问肯尼亚期间，曾邀请布鲁尔·冯·布利克森参加皇室狩猎活动。从某种意义上来说，与他一起死去的还有卡伦。换句话说，随着死去的是那个她曾渴望成为的卡伦·布利克森。此时的她感到万念俱灰，痛不欲生。她必须请求，甚至是乞求家人，让她能够回到自己出生及长大的地方生活。那一年，卡伦46岁，青春耗尽，事业无望，爱无所托。她只能从头来过，为自己找到一个新身份，开始一段新生活，要么就选择死亡，像她父亲一样结束这场命运的博弈。在咖啡园被强制拍卖的那段时间，卡伦曾一度试图自杀。如今，她鼓起勇气，面对生存和死亡两种截然不同的可能性：伊萨克·迪内森正在从咖啡园的灰烬中崛起，卡伦亦开始伏案疾书。她的第一部作品是几篇哥特式故事，我们可能会以为这般简单传统的故事应出自一个新手作家，而不是一个有着如此痛苦且复杂经历的女性。《走出非洲》在几年后大放光芒，但那时的卡伦（早已不再是布利克森或男爵夫人，尽管她也试着去忘记）坐在一张老旧的书桌前，冷静地决定写作才是生活重新开始、谋生的最佳途径。

　　这真是个奇怪的想法（至少就第二个目标而言），因为卡伦·布利克森从结婚的那一刻起，便放弃了写作和绘画（即使并未彻底放弃）；但对于当时的她而言，这却是个无可挑剔的策略。重返故乡令卡伦感到羞愧，就如承认了自己的失败一般。卡伦·布利克森在绝望中曾想过其他的解决办法，例如前往巴黎学习厨艺，之后回到丹麦，开一家餐厅。所幸的是她放弃了这个想法，这是我们的幸运。卡伦·布利克森与弟弟托马斯达成共识：在托马斯的资助下，卡伦以两年为限，必须写出东西，成为一个能够独立养活自己的人。卡伦做到了，甚至提前实现了二人的约定。

　　卡伦用英文写了《哥特式故事七篇》，这是她旅居肯尼亚期间熟练掌握的语言。早在非洲的时候，这个故事集便已初具雏形，但还算不得一部文学作品，更别提出版。手稿最终于1932年完成，这是一个决定性的机会，是卡伦最后的希望。多个出版商连手稿都未曾读过，就选择退稿，这是每一位大作家的必经之路。卡伦的几位朋友在伦敦举办了一场晚宴，并将她引荐给英国普特南出版社的一位负责人。也只有他才礼节性地关心过卡伦的作品，但在收到故事集后却置之不理。因为这位负责人认定，这样一位名不见经传的作家创作的短篇故事集，根本不会有出版和发行的希望。

长期以来，作家或那些渴望成为作家的人在与出版商的交际往来中，常常使用一种含沙射影又复杂多变的语言，这种语言时常根据环境、需求和意图而变化，特别是在谈到退稿的时候。这就是为什么很难猜测普特南出版社这位先生心中真正的想法。或许，他只是纯粹地找了一个可信的借口，让这个上层社会的成熟女性知难而退，放弃姗姗来迟的文学梦。然而，谁知道这位负责人每次参加沙龙时会遇到多少像卡伦这样的人呢？又或许，仅仅是因为他讨厌这位夫人。卡伦·布利克森却并未因此灰心气馁，在短短几个月的时间里，凭借女性读者的喜爱，她征服了美国。卡伦成功地为自己找到了一个完美的中间人，那就是美国女作家多萝茜·堪菲尔德·费希尔，卡伦一位阿姨的好友。多萝茜被这些故事深深吸引，决定将故事集推荐给自己的出版商。

这一切容易吗？一点儿也不。起初，这个出版商的反应与英国同行如出一辙，从商业角度来说，他也觉得为这样一位名不见经传的作家出书太过冒险。但布利克森并没有放弃。她重新回到书桌前加工书稿。1933 年，卡伦重新将《哥特式故事七篇》的稿子寄给出版商。这时她已经加入了重头戏《诺德奈的大洪水》，并将其调整为小说的开篇之作。这是关键且浪漫的一笔，但从某些方面来看，更是令人心生畏惧的一笔。卡伦说服了罗伯特·K.哈斯，后者终于答应出版此书，不过在故事集卖出两千本之前，拒绝支付稿费。一开始，罗伯特对这个作品并没有太大的信心，但他很快就改变了想法。故事集在被摆上各大书店的书架之前，就被"美国月度图书俱乐部"选中。伊萨克·迪内森也自此诞生，大好的前程正等待着她。《纽约先驱论坛报》发表评论，大呼这是奇迹："这些神奇的故事散发着天才的气息。"

成功的坦途由此打开，随着作品销量的飞速增长，美国各大报纸都在猜测作者的身份。多萝茜·堪菲尔德·费希尔在故事集的序言中已经解释过，作者选择用笔名来署名："我们只知道这位作者来自欧洲，虽用英语写作，但这并不是其母语。不论作者是男是女，都不希望身份被暴露。我们可以在私下说，故事的背景已经告诉我们，作者绝对不是西西里人。"令人讽刺的是，这位美国女作家谈及伊萨克·迪内森性别的内容，反而使人觉得作者很有可能就是一位女性。至于其他，短时间内众说纷纭。1934年初，故事集在美国文坛引起巨大轰动。这未能逃过丹麦新闻界的法眼，后者在作者的姓氏中找到了一些似曾相识的痕迹，于是对此事展开调查并揭开了谜底。同年4月，丹麦《政治报》报道，伊萨克·迪内森其实就是卡伦·布利克森；与此同时，各大出版商都在争夺《哥特式故事七篇》的翻译权。

1934年5月，卡伦·布利克森出面承认自己就是伊萨克·迪内森。笔名一事似乎就这样尘埃落定。然而，事情还未完全结束。"二战"期间的1944年，丹麦被占领，迪内森以皮尔·安德烈塞的笔名创作了长篇小说《天使的复仇》，冒着生命危险在英国出版此书。小说发表后，她再次固执地否认自己为作者。这个故事以法国为背景，叙述了两个寄居在英国圣公会牧师家中的女孩。其间，她们发现牧师其实一直忙于贩卖白人女性。这是一场罪恶之旅，似乎是在影射当时的战争和纳粹主义。作者的意大利籍出版商、同为作家的罗伯特·卡拉索，在《致陌生人的一百封信》中将笔名的选择视为"至上优雅"。他认为，卡伦·布利克森是"戴上面具写一部关于面具的小说"。

卡伦·布利克森的脚步并未停留于此。她的面具王国至少产生了一种模仿现象，或者说是一些狡猾之人企图利用这些面具。1953 年 10 月，丹麦文学界宣布，一部题为"霍乱年的一个夜晚"的小说即将出版，作者是某个名叫亚历克西斯·哈伦的人。针对作者的名字，出版商也曾表示其为笔名。许多评论家第一时间想到了卡伦·布利克森，这不仅仅是出于心理暗示，读过这部小说的人都会发现，书中的人物和写作风格似乎都在佐证这种猜测。

这位女性作家对此猜测予以否认，还很气愤。在真相大白之前，关于小说作者的争议持续了数周的时间，而最终的结果让人哭笑不得。作者开尔文·林德曼是一名记者，也是卡伦·布利克森家中的常客，他正是为了迷惑那些评论家们才精心策划了这部作品。作者采用了《十日谈》的写作手法，创作了所谓的北欧"十日谈"，设计一群丹麦贵族为逃避霍乱疫情而聚集在一处荒凉之地。他们轮流为朋友们讲故事，并以《哥特式故事七篇》中读者所熟悉的地方（北海、法国、意大利等地）为故事背景地。女作家卡伦·布利克森起诉了出版商，指控其不正当竞争，但最终败诉。或许，卡伦·布利克森多次使用迪内森和安德烈塞等笔名的行为，在法庭上并不利于她。

然而，伊萨克·迪内森不仅被幸运之星眷顾，而且还有一种百折不挠的精神。卡伦·布利克森在签署第一份出版合同时，写信给出版商，告知自己正在寻找一个笔名，坚持不以真实姓名出版作品，更不希望读者发现她的存在，"虽然这在美国根本不是什么大问题"。突如其来的成功将会证明这种想法是错误的。卡伦·布利克森从不曾为此过于苦恼，可在读了一些来自丹麦的评论和贬低后大发雷霆。一个名叫弗雷德里克·许贝格的人是诸多批评者中的一个。他称伊萨克·迪内森的作品只不过是"一些文学幻觉"，并将其小说在美国文坛取得的成功归因于具有异国情调的人物及背景。换句话说，欧洲人仍习惯性地认为，世界未来"主宰"的文化是那么天真和粗俗，这多么令人不可思议。反过来看卡伦·布利克森，她依旧我行我素，在两条平行线上继续前行。她一方面以原名卡伦·布利克森在欧洲出书；另一方面，又以伊萨克·迪内森的笔名在英文图书市场上出版作品，虽然她的身份早已不是什么秘密。几年前，较海明威晚了半个世纪的加拿大著名女作家玛格丽特·阿特伍德在谈及对《哥特式故事七篇》的热爱时，仍以同一个笔名称呼卡伦·布利克森。迪内森这个名字昙花一现，同时也能流芳百世。这其中少不了作者的努力，但也有笔名自身蕴含的力量。这个笔名的创造者觉得根本没必要真正伪装自己。这是卡伦对已故父亲传达爱的方式。一切随缘，一笑而过。

卡伦·布利克森并非20世纪唯一的案例。有人朝着这个方向走得更远，从孝道的爱转为情侣间炽热的爱。布利克森将人生的艰辛与痛楚写进了书中，在写作的愉悦中升华。她勇敢地直面生活，尽管自己的生命曾被黑暗和迷茫笼罩。相反，身份早已不再是谜的波莉娜·雷阿日在许多方面与卡伦·布利克森截然不同，是硬币的另一面。她将文学游戏视为诱惑和（自我）嘲讽，在巴黎高雅又世俗的文人圈中，她享受着"躲藏游戏"带来的乐趣。不言而喻，在性与文学这场永恒的较量中，波莉娜·雷阿日所处的时代将她的大胆看得难能可贵。波莉娜·雷阿日在创作《O娘的故事》（又译《O的故事》）时，她的想象力可比那个可爱的、以笔名E.L.詹姆斯一炮而红的英国主妇要丰富和游刃有余得多。那位英国中年女作家似乎只在写作初期用过E.L.詹姆斯这个笔名，但在小说卖到几万册之后，她便不再以笔名掩饰自己的身份。波莉娜·雷阿日沉迷于法国伟大的传统，比如18世纪的自由主义，狂放任性又无法效仿的萨德，超现实主义者，以及像乔治·巴塔耶、皮埃尔·克罗索斯基以及纪尧姆·阿波利奈尔（纪尧姆·德·科斯罗文斯基·阿波利奈尔的笔名，这个选择的理由似乎不言而喻）这样前卫博学的大文豪。

隐藏在波莉娜神秘身份背后的是多米尼克·奥利，法国著名的文学批评家，杰出的翻译家、作家，与伽利玛出版社审稿委员会合作长达数十年的女审稿人。多米尼克·奥利亲自参与过法国抵抗运动，在西装外套上嵌有法国荣誉军团勋章，结过婚又离过婚，育有一子，与20世纪法国最著名的文人之一让·波朗（《新法兰西评论》主编、伽利玛出版社的主要顾问、法国文学界的泰斗）有过一段漫长的罗曼史。多米尼克·奥利曾是法国文学女性，学术界的重要人物。就是这样一个女人撰写了《O娘的故事》，一本惊世骇俗，至今仍被人津津乐道的小说。这本小说是多米尼克·奥利对情人最彻底的奉献，也是通过奴役和（表面的？）服从来顺应自己和肉欲。

多米尼克·奥利是私下创作，这部作品是给自己的爱人让·波朗的情书，也把她积蓄已久的内心情感洋洋洒洒地倾吐了出来。直到 1994 年，以匿名的方式发表小说 40 年后，她才决定让真相大白，年事已高的她还有着一颗蠢蠢欲动的心。多米尼克向《纽约时报》讲述了这段罗曼史："我能怎么办呢？我不会画画，不会写诗，除了写字，还能做什么？我不年轻，不再美丽，必须寻找另一种武器。身体的吸引是不够的。武器，只能在脑子里。"这是一种自谦的说法。写这本书时，多米尼克·奥利 41 岁，而她的情人 73 岁，早已过了如唐·乔瓦尼那般游戏人生的年龄（即使他对年轻女性而言依然富有魅力）。在她眼中，年龄并不重要。创作完成后，她把《O 娘的故事》邮寄给情人，用经典文学的笔调向波朗娓娓诉说一个情趣故事，一种无尽的智力挑逗。

1994 年，波朗（在小心翼翼地保护女作家身份的同时，曾这样评价该小说："也许《O娘的故事》是一个男人所收到的最为粗暴的情书。"——但又如何能否定它呢？）已经过世多年，多米尼克没有什么可以再失去的了。她已准备好面带微笑，告别人生。实际上，虽身在封闭的图书馆内，整个世界却都在她的运筹帷幄之中。

《O娘的故事》初稿于1953年至1954年完成。私下商议后，波朗坚持要出版这本书。他亲力亲为，不知疲倦，因为对于法国出版界来说，小说的内容貌似"过于大胆"。伽利玛出版社不愿接手，波朗只能去找一个年轻大胆的出版人——让-雅克·珀维尔，那时的他正在忙于出版萨德的全部著作，既不怕被起诉，也不怕丑闻。至此，寻找一个合适的笔名，成了当务之急。除了出版的可能性问题，书籍本身也要有一定的"隐私性"。多米尼克选择波莉娜这个名字，以致敬法国帝国时期最美丽的女人——帕奥莉娜·波拿巴；至于姓氏，只是多米尼克无意间翻阅黄页时找到的。珀维尔首次共发行两千册（如今几乎是一书难求，在古董市场上的价值更是不可估量），波朗亲自作序，标题为"处于奴隶状态的快乐"的序言也与小说一样变得出名。这是一本珍贵的书，是为数不多的文雅自由主义者珍藏于图书馆的稀世之作。这种情况持续了好一段时间。然而，在短短数个月之后，巴黎奥林匹亚出版社将《O娘的故事》译成英文并在美国发行。这家出版社主要以英文出版，尤其以出版无人敢碰的各类烫手作品闻名，如纳博科夫的《洛丽塔》。不过，作者根本不喜欢这个英文版本，认为它很庸俗。这里值得一提的是出版人莫里斯·吉罗迪亚，其真实姓氏为卡安。他的父亲杰克·卡安通过一个类似的出版社——巴黎方尖碑——出版了亨利·米勒的《北回归线》。不过，《O娘的故事》还未讲完，因此，我们先将亨利·米勒的光辉暂放一边。

雷阿日的小说出版以后，出人意料地获得了"双偶文学奖"——如此重要的一个奖项。这是由超现实主义者在位于圣日耳曼德佩的"双偶"咖啡馆创立的一个文学奖项。这本书不巧被警方关注到，并对其内容展开了调查。不用多说，定的罪名是出版淫秽书刊，可这一指控并没有得到太多人的支持。接受问询的珀维尔和吉罗迪亚表示，对女作家的身份毫不知情，以此蒙混过关。波朗遭到传讯后，也表示不太清楚谁是雷阿日夫人，但他承诺如果雷阿日夫人前来见他，一定会告知警方正在寻找她。这已经足够。那是个躁动的年代，但起码在法国，人民懂得如何生活，当局也倾向于处理一些较为严肃的事情。多米尼克同样"从云端坠下"，必须直面一些问题。

《O娘的故事》的文学和出版案例似乎注定不会持续太久。总而言之，广大读者对发生的事情一无所知，销量的确在稳步增长，但已不再印刷。一个美国导演曾想过将小说拍成电影，但在随之而来的困难面前驻足。现有的一切条件都能使这个故事成为一个精彩的传记传奇，流传于后世。然而，随着第二版英文译著（格罗夫出版社，1965）和贾斯特·杰克金根据原著改拍的电影（1975）——在主演的行列中有美貌动人、令人过目难忘的柯瑞妮·克莱瑞——问世，小说成为大众追捧的对象和全球畅销书。学者们投入他们喜欢的游戏——"寻觅作者"之中，并且提出了较为有趣的假设。有人猜测是安德烈·马尔罗，有人说是雷蒙·格诺（还有波朗，他被认为是最有可能的）。加缪深信作者一定是个男人，因为女人绝对不可能写出这样自甘堕落的书。而波朗与爱人多米尼克一起笑着，暗地里讨论着大家对这本书的看法。当波朗成为法兰西学院院士时，他因反对者在庆典上到处向人散发《O娘的故事》而表情沉重，不过，作为一个经历过世事的人，他并未感到大惊小怪。

值得一提的是，秘密永远不会毫无破绽。奥利的儿子菲利普在《O娘的故事》被改编成电影时，才得知事情的真相（并为此感到高兴）。文学界依然对这本书津津乐道，议论纷纷。在外界看来，波朗最有可能是《O娘的故事》的作者。当然，也不能排除其伴侣参与撰写的可能性。1968年，在波朗的葬礼上，一些人似乎得到了肯定的答案，又或许是奥利本人透露了一些信息。

美国文坛对《O 娘的故事》可谓赞誉有加，例如苏珊·桑塔格。在很早之前，弗拉基米尔·纳博科夫就对这本小说爱不释手。早在 1957 年，他就已阅读过这部作品。纳博科夫将奥林匹亚出版社的英文版本送给好友，这在当时可是很难得到的经典作品。纳博科夫在日记中回忆道：好友与他都一致认为这本书虽然"相对低俗，却十分扣人心弦"。第一个形容词有些苛刻（纵使小说译著质量的确不令人满意），可第二个形容词"扣人心弦"则是恰到好处。这部电影对于大众而言实在平淡无奇，但却保留了相关特点。

波莉娜·雷阿日，与此同时还不停地发送一些存在的信息。她撰写了 O 娘的续篇《重返鲁瓦西》，一部更为传统的"女权主义"小说；1975 年，她又以笔名波莉娜·雷阿日，应蕾吉娜·德福日的邀请，做了一次深度访谈。这次的采访随后被整理成书——《O 娘对我说——波莉娜·雷阿日访谈录》。尽管这本书谈不上是真正意义上的传记，但对读者了解波莉娜·雷阿日具有重要的意义，使这个人物变得更加饱满、真实。

自此，波莉娜·雷阿日不再是一个幽灵般的存在，而是一张特色鲜明的面具。换句话说，波莉娜·雷阿日如今已摇身一变成为文学人物。《O娘的故事》依旧是一部独一无二、不可超越的经典之作，一部值得反复品味的经典。奥利于1994年又回顾往昔，在生命即将走到尽头之际，这完全出乎众人的意料。当时，一位名叫约翰·德圣乔尔（非化名）的英国作家正在写一部小说，关于奥林匹亚出版社曾经出版过的禁书，他找到了多米尼克。出乎他意料的是，多米尼克毫无保留地向他讲述了整本书背后的故事，她逝去的挚爱以及这个笔名曾掀起的丑闻。他以莎士比亚的方式给事情下了结论："雷声大雨点小。"8月1日，《纽约客》却抢先公布，消息随之传遍世界各地。

多米尼克·奥利赢了：她先是"催眠"了自己的情人，然后不仅仅是读者，还可以说她征服了人们的想象力。她就像每一位出色的催眠师，成功地隐藏在事件背后。此外，奥利也不是她的真实姓名，而是在参与法国抵抗运动期间用的假名。她在进行地下工作的那几年，与波朗并肩作战（当时的他们还未相爱，二人的情感随着时间的推移而增加，这份激情缓慢而有节奏地发酵）。战争结束以后，多米尼克决定继续沿用这个名字，而不是用回自己的原名——安·德克洛。对她而言，变化的艺术与生俱来，她知道在什么时候应该以怎样的方式摘下面具。

第八章

固执的人

　　无论是从高尚的角度还是从务实的动机出发，笔名的选择几乎都是无限的。如果说，使用笔名通常是为逃避某种社会关系，那么它也能成为一种强有力的文学动力，正如我们此前遇到的情况一样。从这个角度看，最令人震惊的"作者"创造者要数沃尔特·司各特：他戴上一张张面具后，开创了一种新的文学机制，奠定了历史小说的基础。

　　虽然在今天看来，这非常不可思议，但是，英国浪漫主义中最神秘的人的确就是沃尔特·司各特，一个无法抗拒匿名和笔名的著名小说家。他最喜爱的作品就是自己创作的叙事诗，不过这些诗只给作者带来了声誉，却没多少金钱，就像《费加罗的婚礼》中见异思迁的风流浪子那样。脑海中怀疑的声音告诉司各特，他或许可以另辟蹊径。司各特就这样将目光投向苏格兰的氏族传奇及苏格兰人民反抗英格兰统治发动的起义。在后面的章节中，我们将看到上述事件如何因为历史原因，特别是文学原因，而被神话，并一起见证有史以来最大胆的诗歌造假。1814年，司各特终于决定出版一些绝对令人耳目一新的东西。小说讲述了一个浪漫且激昂的故事，描述了一名英格兰骑士如何为北方苏格兰而战，积极支持苏格兰独立。该小说一经问世，即大获成功。

《威弗利》系列小说的三本书在接下来的几个月相继问世，深受读者的欢迎。当然，还有另一个不容忽视的方面，小说的成功大大缓解了作者的经济压力。尽管如此，司各特仍然要求出版商严格保守秘密。1820年，根据最新签署的版权协议中的一条规定，如果司各特的作者身份被暴露，他将获赔两千英镑。司各特是打心底里不相信身份会暴露，就连为其出版书籍的出版商也不例外。直到 1827 年，司各特才因某些轻浮的原因，公开承认自己是这些小说的作者。但是，简·奥斯汀在 1814 年 9 月写给侄女安娜的一封家书中谈及司各特时写道："沃尔特·司各特没有资格写小说，尤其是那些优美的小说。这不公平。诗人的称号已经为他带来了响亮的名声和可观的收入，所以他更不应该再去抢别人的饭碗。我不喜欢他，我也不想喜欢《威弗利》，如果可以的话。但恐怕我必须得这样做。"

独一无二的奥斯汀，虽身居乡镇，却知晓天下事。也不应忽视奥斯汀那些半严肃半开玩笑的评论。时至今日，那些不如奥斯汀出名的作家还会在媒体上提出与她相似的评论，例如针对罗伯特·加尔布雷思的看法。当时的 J.K. 罗琳，在被揭穿就是以这个笔名写作后，宣布自己还会继续创作其他小说，目的就是不让这个幽灵作家消失。

林恩·谢泼德，一位名气稍逊于 J.K. 罗琳，当然收入也远不及她的英国推理小说家，在《赫芬顿邮报》

上针对《哈利·波特》作者的另一本书《偶发空缺》，发表了一篇言辞激烈的文章，称它既不是侦探小说，也没有笔名的踪迹。林恩·谢泼德还特别强调，自己从未读过这本书，但强烈建议 J.K. 罗琳停止写作，因为她"已经收获了属于自己的那一份成功"，而其他人还在拼命努力地寻找"呼吸的空间"。谢泼德在文章最后写道，罗琳为了出版，为了获得成功和读者，"正在从空气中窃取氧气"。简而言之，她就是一个吸血鬼作家。这位敢说敢言的谢泼德随即因这篇写于 2014 年的文章遭到大众的讨伐，并最终发文道歉。

仅几个月后，凭着代表作《浓情巧克力》而一举成名的女作家兼议员乔安娜·哈里斯，在一次专门针对英国作家及其问题（繁多又棘手）的会议上，重新提出了林恩·谢泼德谈过的问题。哈里斯指出，像罗琳这样的作家，通过她写的那些"关于巫师的可笑故事"而名利双收，这很可能会扭曲公众的看法，掩盖一个不争的事实，即许多作家仍在苦苦地坚持。

一杯苦巧克力。早在一个半世纪以前，沃尔

特·司各特就打定主意不去喝它，而且，世界上的确存在许多令人不快的阴谋，特别是在出版界。对于这些能够使司各特流芳百世的作品——历史小说，他选择了匿名。当揭晓谜底的时刻终于来临时，司各特解释了促使他做出这个决定的原因：他认为，对于一个社会地位高、受人尊敬的律师和法院参议来说，写小说并不是一件十分体面的事情。或者更确切地说，司各特认为爱丁堡上层社会及其他各界人士可能会觉得写小说不大符合他的身份。司各特对此也没有执念：浪漫主义诗人通常会在遭受争议时使用笔名，或以作品受众群体来决定笔名。比如著名诗人拜伦勋爵，众所周知，他有时甚至不给诗文署名，但其实大家心里都清楚谁是作者。匿名虽然不是必需的选择，却早已是非常普遍的现象。

至少在最初，司各特的做法并没有什么独特之处，真要说有的话，那应该就是固执，因为他格外重视的秘密根本没有那么牢不可破，纯粹只是一个社会成规，一个众所周知的秘密。很多人对此都心照不宣，或是像简·奥斯汀一样在私下议论交流。早在司各特将视线转向历史小说创作之前，他已是一个举足轻重的人物。司各特凭借笔杆子让 18 世纪苏格兰的荣光与豪迈重现。他描写了苏格兰王朝如何顽强抵抗英格兰统治者，最终却仍然逃不过归降英格兰的命运。正如历史学家休·特雷弗·罗珀所解释的那样，司各特开辟了历史小说这一崭新的领域，其笔下那个有着基尔特（苏格兰方格裙）传统和高地风情的苏格兰被展现得淋漓尽致，这让他风靡文坛，至今仍深受读者喜爱。司各特文学生涯初期所创作的诗歌，给他带来了声誉和名望，但这对他而言显然不够。司各特感到自己在诗歌创作上无法超越拜伦（1824 年 6 月 12 日，司各特特别在《卫报》上为拜伦撰写了一篇精彩的讣告："我们深感，仿佛天空中那束耀眼的光芒蓦地消失了。"）。因此，他必须另辟蹊径，不过，要谨慎行事。

《威弗利》以匿名方式出版，并且采取了十分严格的安全措施。出版商兼合伙人约翰·巴兰坦耐心地将抄写过的手稿寄给印刷厂。除了考虑到社会影响，司各特本人非常清楚，他是在进行一个重要，或许是决定性的商业试验。从许多方面看，司各特的新书确实令人耳目一新：《威弗利》真正开创了"历史小说"的先河，是第一部把"历史和创作相结合"的作品（用亚历山德罗·曼佐尼的话来说，当曼佐尼创作《约婚夫妇》时，司各特给了他不少启发）。这部小说可以被称为历史小说的起点。这位贵族作家正在寻找一个更加大众化、范围更广的读者群，他凭直觉认为，那才是"自己"真正的阅读人群。此外，司各特选择匿名创作是因为一旦事与愿违，小说不被读者接受，他自己作为诗人的名声也不会因此受到影响。在小说大获成功后，司各特仍继续沿用匿名出版的做法，因为关于作者身份的秘密（当然并非牢不可破）已经是构成《威弗利》独特魅力的其中一个因素。

如今，司各特在 1814 年至 1832 年间创作的历史小说（近三十部），普遍被称为"《威弗利》系列小说"。这些小说，根据作者精心制定的策略陆续出版。浪漫主义时期最神秘的人，当然不是真正的无名之辈。他先后出版了如《盖·曼纳令》（1815）和《古董家》（1816）等作品。司各特曾一直以"《威弗利》的作者"的身份保持匿名状态，与此同时，由于热爱竞争（不仅是赛跑和击剑），他决定挑战自我。早在1816年，他便杜撰了杰迪代亚·克莱斯博坦这个笔名，构想甘德克莱格小镇一所学校的老师，并发表了《我的主人的故事》；随后又以匿名的方式发表了《罗布·罗伊》——故事以1715年的詹姆斯党起义为背景，一经问世便销售了十万余本，在当时可谓成绩斐然。

由于《罗布·罗伊》与"《威弗利》的作者"间有许多相似之处，故而没有太多的评论家被蒙骗，但读者是否有所察觉我们就不得而知了。不过，前路如何早已十分清晰：诗歌成为一个遥远的记忆，我们的作家对此也是心知肚明。司各特于1817年再次匿名出版了一本《大无畏的哈罗德》，之后就此"收笔"。公开身份的时机还不成熟。这个几乎透明的笔名策略仍不断地制造优异的成绩。从文化层面看，这些作品也同样颇具价值。就这样，司各特于1820年发表了《艾凡赫》，这可谓是他最为著名的作品。尽管在当时饱受争议，他却置之不理并认定有必要继续改革。

《艾凡赫》以 12 世纪的英格兰，而不再是苏格兰为背景，讲述了在第三次十字军东征结束之后，一个被剥夺了继承权的骑士在撒克逊人与诺曼贵族间展开的冒险经历：为了参加一场私人文学比赛，司各特需要一个新的笔名。在这场比赛中，每个人都能神奇夺冠，没有人会空手而回，因此，劳伦斯·邓普顿就这样诞生了。这一次，司各特也未能成功地骗过所有的读者，隐藏自己的身份。但是，他却又一次捕获了读者的心，赢得了国内外的一致好评。《艾凡赫》短时间内风靡全球，然而谨小慎微的司各特仍不愿冒任何风险，即使以往的作品成绩斐然（司各特并不完全信任英国读者）。

司各特把心中的担忧统统托付给自己笔下的二重身，后者在小说的序言中问道，英国人能否坦然承认历史小说中所描绘的暴力过往？司各特通常以中世纪的苏格兰为创作背景，换句话说，邓普顿公开与《威弗利》的作者以及灰暗的杰迪代亚·克莱斯博坦竞争（尽管也表示有所亏欠）。这个小把戏没有维持太久：

鉴于小说取得的成功，出版人要求作者在接下来的版本中，至少要适当地揭露身份。将沃尔特·司各特的大名印在《艾凡赫》的封面上，并把小说的著作权归于……司各特？想都不要想，不然也太过于简单了。《艾凡赫》最终以"《威弗利》的作者"署名。将自己的真实名字泄露给读者？绝不可能。

这位苏格兰作家几乎没有商量的余地。可后来，1827年2月23日在爱丁堡举办的一次（为贫困演员募捐）晚宴上，司各特承认了大多数人早就怀疑且已猜到的秘密，这当然算不上一种投降。此事充满了戏剧性，在"坦白"之前，司各特并没有详细周密的计划，而作者此前采用的策略一直都很奏效。据说，司各特之所以会在晚宴上承认自己的身份，纯属偶然。由于他负责主持宴会，且身份的秘密即将曝光，尤其是在出版商破产后，晚宴的筹办者之一私下询问司各特，是否可以让宾客们向他敬酒，介绍他就是"《威弗利》系列小说的作者"。这一次，司各特（国王为表彰他作为重要诗人而不是小说家的成就，已授予他"从男爵"

爵位）欣然同意。

在组织方介绍过学识渊博的梅多班克勋爵后，司各特揭开了自己神秘的面纱，并调侃说，"由于知情之人尚不足二十人"，他还以为"保密工作做得很好"。司各特幽默地称自己为"罪人"，并引述了"苏格兰的又一名罪犯"——麦克白在杀害邓肯王之后所说的话（第二幕第二场："我不敢回想刚才所干的事，更没有胆量再去看它一眼。"）。他补充说，请大家微笑着想象一下，"或许任性在整个过程中扮演了重要的角色"。司各特的这番讲话先后发表在1827年版的《卡农门纪事》和《沃尔特·司各特作品全集》的序言中。当时，他已没有理由再继续隐瞒身份：司各特早已证明历史小说是一个拥有重要价值的文学分类。就司各特个人而言，他完全可以圆滑地说，过去十四年里的行为，只是为了致敬当前这个怪诞时代的一项任性之举，不必再旧事重提。司各特还提到，最神秘的面纱已逐渐摘除。

沃尔特·司各特并不是唯一一个采用这种策略的人。查尔斯·狄更斯似乎也在效仿他，在开始创作时，以匿名的形式在报纸上发表文章，后以笔名"博兹"（他胞弟给他起的外号）继续发文，直到《匹克威克外传》的出版。其原因也多有雷同。然而，在司各特轻描淡写的背后，似乎能听到清晰的胜利欢呼声。他当然也可以大声地加上一句"你们永远不会知道我为什么这么做"，因为他始终是一个绅士。

我们无法确定是否可以如此称呼乔治·西默农（什么人才能称得上绅士？伊夫林·沃曾试着这样回答：说不出何为绅士，但一眼看到，你就能认出）。时隔一个世纪，这二人似乎能相互照应（最神秘之人和最固执之人）。2009 年，乔治·西默农逝世二十周年之际，儿子约翰·西默农出席在意大利举行的纪念活动，他用这样几句话来概括父亲的一生："父亲一辈子都在为工作而活，不仅作为小说家是如此，作为自己和自己事业的推广者，亦是如此。父亲的人生让我联想到索尼的一句广告语——'你的梦想，我们来实现'。我坚信父亲在追求梦想的同时，也在一点点地打磨自己，他的生活和工作都是精心打磨的结果。"

如果说沃尔特·司各特在历史小说的创作过程中采用的战略为使用笔名，那么乔治·西默农同样是通过类似途径，最终塑造了经典人物，即神探梅格雷。当然，乔治·西默农并不是从一开始就有清晰的人生规划。在布鲁塞尔的时候，他先是一头扎进了新闻业实习，后来又于1923年移居巴黎追求更好的发展，凭着一手好文笔向自己的梦想迈进。西默农的第一位读者是《晨报》的专栏负责人科莱特女士，他的第一篇短篇小说虽然被科莱特女士退稿，但她仍鼓励西默农继续写作，并提供了一些很好的建议（尤其是不要考虑"文学"，摆脱一切"文学"风格的痕迹），最后终于帮助他成功出版作品。

每一个细小的进步都是由无数个笔名组成的。例如，曾经平庸的情色小说作家戈姆·古特（如今其作品是各大收藏家争抢的对象），幽默小说作家皮克和普洛克，言情小说作家让·杜佩里和让·多萨奇，冒险小说作家克里斯蒂安·布鲁尔斯和乔治·西姆，等等。西默农下笔速度之快堪称一绝，他可以短时间内独立撰写一本期刊。这位快笔作家的心中驻扎着一位位匠人，他以不同的笔名在杂志上发表文章和短篇小说。多产的他同时也很优秀。西默农可以在短短数天，甚至几个小时内完成一部小说，而且还不需要重新修改。他的作品多得数不胜数，或许还有一些未经确认，但总的来说，除了青年时期的一部作品，西默农以不同笔名出版的小说高达 190 部，以原名西默农发表的小说则有 201 部，如果加上 25 部自传小说和一部文学批评著作，他一生共完成了 418 部作品。

西默农刚开始写作的时候遇到过许多困难。早在 1927 年，他就已经赚足了能够让他享受人生的财富。他很快就拥有了一辆黄色的克莱斯勒"帝国"、司机和帮他装烟斗的女佣（每天早上西默农的书桌上都要放置 40 个烟斗，如此他便不需要在工作时浪费时间再去准备）。此外，他还在家中设置了一个酒吧。西默农一生更是不缺女人。换句话说，他一无所缺。又可以说，他一无所有。用笔名撰写的小说大受欢迎（由于西默农的作品数量惊人，使用笔名也是一个客观的需求），通过这种方式，他可以不受评论的干扰，尝试不同的写作风格且对未来不妄自菲薄。然而，未来当个作家，一辈子写作，这才是西默农的兴趣所在，超过金钱，甚至女人。

孜孜不倦的匠人正在等待一部旷世之作的来临，他能从字里行间感受到这一点，一点一滴地为作品添加素材。西默农深知，转折的瞬间即将来临，他将从低俗小说作家变成一名真正的作家，他坚信（正如西默农的儿子常说的那样）法国需要一个能够与夏洛克·福尔摩斯相提并论的人物。西默农也立志要为推理小说正名，就像他那固执的前辈（司各特）开辟历史小说这一崭新领域一样。最终，西默农成功地塑造了神探梅格雷。他欲擒故纵，使作者和小说人物间展开了一场持久的拔河比赛。这也让西默农得以在评论家和读者的支持下，创作出非类型小说。

弗朗西斯·拉卡森在《梅格雷诞生的始末》一书中，以乔治·西姆（西默农通常会用这个笔名来为最好的作品署名）初期所做的一些尝试为基础，一点点讲述了神探梅格雷被创造的过程。用该学者的话来说，这些作品中充满所谓的被否决掉的候选人，当中的一些被认为过于美国化，另一些又太做作。其中包括一个专门处理感情问题的女侦探安妮·玛丽·吉沃纳，还有一些更为饱满的角色，如：杰拉德·莫尼克探长，借着他的那种预知能力，梅格雷被赋予了第六感；通过让·塔弗尼尔督察，他发觉了将自己融入犯罪气氛、成为案件一部分的能力；业余警察杰教会了他换位思考，重构犯罪心理；而德福则带来了慈悲之心。在 1929 年出版的《夜车》一书中，读者们终于看到一个心地善良，但"头脑简单四肢发达的人"。在《佩戴珍珠的女孩》中，梅格雷已经是巴黎的一名司法警官，开始以他经典的形象出现在读者面前，脖子粗壮，手指粗大。当然，还有一个最大的特点，就是嘴里总是叼着烟斗。《红发女郎》一书随后透露了梅格雷警长的年龄和体态（大约 50 岁，身壮如牛）。早在创作《焦虑之家》时，作者便想好了梅格雷警长应在后续的小说中如何展开调查，包括剧情的发展，即使当时的读者还没看明白。这本书虽然仍以乔治·西姆署名，但时机已经成熟，梅格雷太太（这一不可或缺的角色）也准备从幕后走到台前。一个复杂的警官应运而生。伴随着《拉脱维亚人彼得》一书，警官的人物形象创作完成。这一次，西默农也自豪地将自己的名字放在其封面上。

在这之后，西默农在不同的场合表示，并在《亲密回忆录》中提到，梅格雷闪现的灵感、一种顿悟，是9月的某个清晨突然出现在他脑海之中、但尚未成熟的构思。这个故事有其吸引人的一面，源自对大海（不是对沙滩和赌场）的热爱，是"那片原始、永恒的海洋，生命起源的地方"，是北欧那片波涛汹涌、常年被薄雾笼罩的海域。作者决定购置一艘船，"当然不是那种扬着白帆的小舟"，而是"一艘犹如北欧渔船那样坚固笨拙"，足以容纳四个人（当时还有妻子蒂吉和两个孩子）的大船。西默农于1929年9月，带上家人一起向挪威航行。他将这艘船命名为"东哥特号"，因为它透着"我们先祖的那种粗犷感"。然而，他很快发现这艘船难以抵御各种环境，因为建造材料是未经风干的木材。

西默农在经历了一系列相当有趣的冒险（例如：由于作者在等着杂志社的稿费，并且收到了以"侦探"署名的电报——来自西默农工作的杂志社，进而在德国的一个港口遭到警方质疑）之后，在荷兰代尔夫宰尔港认定船舶必须修缮。这是一个漫长的工作，木匠们在整修期间也会制造出令人难以忍受的噪音，如此一来，西默农将无法继续留在船上工作。作家认为就这样转移到酒店，似乎"有些丢人"，所以决定在运河上租一条老鼠横行的废弃船舶。他在船上放了几个木箱，作为临时办公的桌椅，设置好打字机后就开始了写作和想象。他会光顾附近的亭阁酒吧喝上几杯杜松子酒，感觉仿佛临近"实习期终点"一般（他在《西默农作品全集》的序言中这样写道）。最后，西默农继续在《亲密回忆录》中写道："两天后，我开始写一本小说，我原本以为会和其他小说一样受到读者的欢迎……实则却与《拉脱维亚人彼得》一起促成了梅格雷的诞生。我为之痴迷，我的生命彻底改变了（虽然当时的我还未曾预料到这一点）。"

这两种说法并不完全矛盾，但后来事实证明，这的确不够精确。这是回忆跟他开的一个玩笑还是神话的创造？自1966年起，梅格雷的雕像就矗立在代尔夫宰尔港，象征着此处是神探梅格雷的诞生地（作者本人当然也莅临了雕像落成典礼）。然而，正如斯坦利·G. 艾斯金在传记中所提到的那样，很有可能西默农指的小说是最后一部以笔名创作的《夜车》，署名为克里斯坦·布吕尔。无论如何，这条船依然有着启发性的作用。西默农决定向法亚尔出版社推荐以梅格雷为主角的警探系列小说，共六部，从《拉脱维亚人彼得》开始。起初，出版社并不看好该作品，因为这些故事与通常的基调相差甚远。

西默农努力协商，法亚尔出版社最终让步。"我们可能会失去一大笔钱，但我还是想做一个尝试"，作者在另一部自传体小说《芸芸众生》中写下了这句话。从那一刻起，西默农开始"掌舵"，（如他儿子所说）为出版营销业留下了浓墨重彩的一笔。他本人决定一切：价格（不能过于低廉）、封面、发行。西默农在蒙帕纳斯的布勒布兰奇举办了一场盛大华丽的"人体定制舞会"（此处指警察使用的身份识别方法），惊艳了整个巴黎。这则消息连续数日占据各大报刊的头条。邀请函上印有鲜红的手印，而出席的宾客也需要在入口处留下指纹：第一个赏识西默农的科莱特也被提取了指纹，此刻的她闪耀着胜利的光芒。

笔名的时代就此画上句号，另一个故事即将开始。最后要提的是与法亚尔出版社的谈判。后者已经妥协了，愿意接受任何条件，并问西默农要用哪个笔名来出版作品。双方此前从未有过直接的出版关系，因此，（据艾斯金所说）感觉西默农并没有更换笔名的意思，出版商才会如此直截了当地提问。大概，这正是西默农（也许是故意的，也许像梅格雷一样正叼着烟斗）所期待的："总而言之，您真实的姓到底是什么？"

第九章

多重任务

她一生出版了至少 25 部短篇小说集、8 部中篇小说、9 部戏剧作品、16 篇论文、10 部诗集、6 本青少年读物和 3 本儿童书籍。此外，还有 56 部长篇小说，其中 8 部以罗莎蒙德·史密斯的笔名出版，3 部署名劳伦·凯利。"至少"是必备词，因为乔伊斯·卡罗尔·欧茨的生平宛如迷宫一般，很难重建——她不仅善于伪装，而且高产。欧茨甚至还创造了一个笔名作家，即《黑桃 J》一书中的黑桃杰克。这位美国著名女作家似乎有意向那位无法企及的西默农发出挑战（当然，我们在此要忽略那些由真正的出版社策划的悬疑惊悚系列小说，这些出版社都只为一个作家服务——一个完全相反且罕见的案例）。最重要的是，欧茨是所有作家中最能清楚反映笔名使用情况的一位。1987年12月，欧茨在《纽约时报》上发表文章，罗列出许多笔名，从最出名的到最鲜为人知的。她以《笔名与昵称辞典》（共计626页，每页3栏）为基础，写道："这本辞典囊括的范围从A. A.（安东尼·阿姆斯特朗·威利斯，加拿大作家，1897—1976）到Z. Y. X.（亚瑟·阿尔金·赛克斯，英国作家，1861—？）。"

亚瑟·阿尔金·赛克斯，记者兼滑稽演员，欧茨并未提到他的死亡时间是1939年，或许是因为他的作品不值一提，我们无从得知。正如所有的名单一样，辞典中的最后一个总是拥有重要地位。懂得如何为自己赢得这个位置也不是所有人都能做到的事情，这样看来，神秘的阿尔金·赛克斯或许是一个有趣的案例。就像我们看到的那样，选择名字是一件谨慎的事，一方面是因为由此产生新的身份，另一方面还关系到广大读者的接受程度。这是艺术作品或手工艺品的一部分，也可以说成神秘的访客，正如欧茨所言，它会从作者的私人空间闯入他人（读者）的世界，"要求后者的关注、尊重和赏识"。很自然，在这个运动，这个短暂又炫目的旅程中，可以采取一系列的保护措施，又或者根据情况，用耀眼的标签来武装自己。在欧茨看来，弗拉基米尔·纳博科夫便是一个很好的"防御"型例子。她援引了纳博科夫写于 1929 年的俄语小说《防守》，欧茨认为，作者之所以会用西林署名，是为了"将其感性隐藏在傲慢且坚硬的外壳之下"。

其实，西林只是纳博科夫最为出名的笔名而已。他还使用过很多其他笔名，比如瓦西里·希什科夫和薇薇安·卡姆布罗（这个名字取自弗拉基米尔·纳博科夫本名的字母异序词），后者使欧茨想起了那个先后在《洛丽塔》与《阿达》中出现过的神秘女性人物。在接受《纽约时报》采访时，著名作家弗拉基米尔给出了一个略微不同的解释："我最重要的笔名是西林，在 1920年至 1940 年间非常好用。我偶尔会用这张薄薄的丝绸面具作为笔名，来欺骗那些挑剔的批评家，随之而来的结果也令人非常满意。"他还提到，曾经有个不太喜欢纳博科夫的评论家，在 1939 年突然喜欢上了西林的作品并声称终于找到了一位出色的作家。

那几年中，纳博科夫先后在巴黎和柏林过着流亡生活（俄国二月革命爆发后，纳博科夫逃离了俄国），他用俄语创作并在海外同胞群体中颇有名气。不过，很显然，不是所有的评论家都看好他。他于 1940 年逃往美国避难，开始改用英语写作。然而，就在离开柏林的不久前，又有一个新的笔名——瓦西里·希什科夫出现，他在杂志上发表了一系列的诗歌，并引起了评论家乔治·阿达莫维奇的关注。不仅如此，希什科夫几个月后再次登场，摇身一变成为纳博科夫故事中的主人公，一个保守又才华横溢的诗人。他两度邂逅叙事者，然后消失。

的确，作家在谈论自己及其人生经历时并非总是可信的。然而，在目前这种情况下，至少我们所面对的解释与欧茨的提法形成了对比——表面上是纳博科夫，实际上却另有所指。她自问，应该如何辨别文学类型的选择（暗示着作者的构造）和纯粹的商业决策（只用于区分系列作品与特定类型作品）？她最后总结说，有许多折中的做法。例如，作家决定将作品归类，把一些不那么优秀的作品从那些有艺术灵感的作品中区分开来，建立一个等级制的公共身份。很显然，这一切都促使我们联想到欧茨。"毕竟，培养一个笔名似乎与培养一个鲜活的叙事声音相差无几，后者支撑着每一部由文字组成的作品，使其变得独一无二。选择一个笔名作为一部作品的官方署名，纯粹是为了进一步推动这个神秘的进程，抹去作者本来的社会身份，以另一个去替代它。此外，我们中间是否有人会在被认出后感到高兴，或者有点儿感觉像掉入了陷阱，我们意识到——不论谁知道了我们，我们都没有参与其中？"

乔伊斯·卡罗尔·欧茨是在讲她自己。就在几个月以前，欧茨脸上的"面纱"被揭开，造成了一场不小的丑闻。这件事发生在 3 月：曝出惊悚小说《孪生生命》（双胞胎与拳击是她最喜爱的主题之一）的作者不是某个叫罗莎蒙德·史密斯的作家，而是乔伊斯·卡罗尔·欧茨，这部作品原定于 11 月由西蒙与舒斯特出版社出版。一直跟欧茨合作的达顿出版社因此事大为失望，当时后者正在尽心尽力地筹备欧茨的新书《请记住》，并对此抱有很大期望。西蒙与舒斯特出版社的负责人南希·尼古拉斯亦是如此：这个消息不仅没有让她感到高兴，反而让她觉得尴尬。她向《纽约时报》倾诉了这场争议的焦点："我一直以为，我们发表的是一部处女作。"的确，读者们也许会错误地期待，一名优秀的编辑能够辨认出一部作品是否由某个知名作家创作，不受蒙蔽。实际上，事情通常并不会按照读者想象的那样发展（如本书第一章提到的加里与莱辛轰动一时的例子，还有罗琳以及其他许多类似的例子）。然而，对于那些曾经一路陪伴过某书直到出版，或许还参与过情节讨论，提供过建议，修改过错误，对作品抱有希望的人来说，如果最后发现自己错了，甚至完全没搞清事情的真相，这的确会是一个重大的职业打击。

一直为欧茨工作的文学经纪人也曾因此心生抱怨。

这位女作家为了保护自己的身份聘用了一个新的经纪人，后者把工作开展得很好，并争取到了一万美金的预付款，这对于一个所谓的文坛新秀而言是不错的成绩。这引起了一片抗议声，含蓄却坚定。乔伊斯·卡罗尔·欧茨（因为身份被这么快揭穿既尴尬又不满）未做评论，或者根本没有注意到自己在"犯罪现场"留下了诸多线索：罗莎蒙德·史密斯这个笔名使人不禁联想到她丈夫的名字——雷蒙德·史密斯。他本人也是一个出版商，众所周知，出版界圈子不大，而且八卦很多。后来欧茨只是淡淡地解释说，她突然觉得需要一个"崭新的"面貌，急于摆脱自己的身份。

鉴于事态的发展，欧茨表达了自己的悔改之意："这将是我最后一次尝试使用笔名。"她如此向新闻媒体说道。多年后，欧茨在接受意大利媒体采访时，对她使用过的笔名间的关系做出回应："我很希望能够继续使用笔名写作，发表短篇和长篇小说，但在我们这个时代，和过去相比，出版存在着一些差异。几乎没有什么秘密可言，因为我们必须在美国国会图书馆进行版权注册登记，书中也会出现相应的信息，作者的真实身份也就随之暴露。"欧茨显得有些气馁，虽然她早就摆脱了罗莎蒙德·史密斯事件的影响，让她从笔下消失。相反，她忘记了承诺，在接下来的几年里又使用了这个笔名，即使它已成为一级笔名，人们很容易就能获知真实作者的姓名。

其他作家对自己的作品显得更加残酷无情，这一切都没有逃过使用笔名的女猎手——乔伊斯·卡罗尔·欧茨的法眼。她在关于笔名的文章中特别谈及史蒂芬·金，并指出他的双重身份其实已经不是一个秘密，因为他会与真正的史蒂芬·金同时出现在广告上。事实上，"恐怖大师"的经历略有不同，虽然欧茨提到的美国国会图书馆给了史蒂芬·金致命一击，还是有很多方式可以成为另一个人（或创造出另一个人）。过去的诸多案例存在很多变数，至少与罗莎蒙德·史密斯的例子相比，史蒂芬·金或许代表了最仓促、最残忍的做法：他以理查德·巴克曼的笔名出版了5本小说，但身份被某个狡猾的书商曝光后，史蒂芬·金随即对外公布可怜的笔名人物已死于癌症。

这个信息可以在他的个人网站上读到。文学游戏持续了整整七年，在此期间，《愤怒》（1977）、《长路漫漫》（1979）、《道路工程》（1981）、《过关斩将》（1982）和《销形蚀骸》（1984）相继与"主要"作品平行出版。这类文学游戏的基调颇有一种纳博科夫的式样，它并不揭示某种特定的内心挣扎："我想，我这么做是为了让当时的气氛冷却一下，放下史蒂芬·金的身份，以别人的名义做一些尝试。我想所有的小说家都是让人难以置信的欺骗者，可以变成其他人一段时间也很有趣。就我而言，我就是理查德·巴克曼。后者为自己杜撰了一种人格和一个故事，目的就是用来支撑《销形蚀骸》封底所印的假照片和假冒的妻子（克劳迪娅·伊内兹·巴克曼，这本书因她而作）。"

巴克曼纯粹就是史蒂芬·金创造出来的一个人物，作者甚至称他为一个"令人不愉快的人"。他做过海员，随后又来到新罕布什尔州当起了农民，他白天忙完农场的事后，就在夜间写小说。与自己的创造者不同的是，他根本不喜欢写恐怖小说，只有一次除外，他其他的小说都回避了这个题材，从某种程度来说，这些小说更为野心勃勃；即使这些作品没有一炮而红，销量却也相当不错。我们不清楚巴克曼对人生和写作有着怎样的期望，但他的日常生活中总是会发生一些耐人寻味的事情，例如：他的独子在井中淹死（他从未确认过，似乎是一个意外）；他被诊断出患有脑瘤，并成功接受切除手术；他还是一名塞林格式的禁欲主义者，拒绝接受采访，也从不露面。尽管如此，他的伪装最终还是被揭穿了，因为他的书中有太多迹象直指史蒂芬·金的身边人。更主要的还是因为华盛顿一家书店店员（同为作家）的敏锐洞察力，两位作者间的相似程度让他心存疑问，便前往美国国会图书馆进行了调查，发现在巴克曼版权拥有人一列居然写着史蒂芬·金的名字。短短几天，该消息便出现在了《班戈每日新闻》上，这是恐怖大师生活的城市，对于可怜的笔名来说，一切即将终止。史蒂芬·金并不只是对外宣布这些作品是自己所作，他在同一天也扼杀了这个不幸者。在1985年寒冷的2月，他宣称理查德·巴克曼或因癌症复发死亡。我们不禁惊诧于史蒂芬·金的残忍程度，但也许读了《危情十日》便能明白。作者针对自己行为（当然是指创作，而不是这起野蛮的"凶杀案"）的原因给出了几种假设的解释：一是市场原因；二是关涉文学的社会学层面，譬如说，以正常口袋版发行且不经过出版商宣传和推广（但装帧精美）的试验，看看这些"纯粹又简单的小说"能否在美国的书店大卖。

巴克曼卖出了将近三万册：如果这个试验再继续几年，也许还会有其他结果。但是岁月匆匆，"脑癌幸存者理查德·巴克曼最后却死于一种更为罕见的疾病——笔名癌"。可是问题依旧存在："这是有助于登峰造极的工作，还是一场赌博？"史蒂芬·金自问。这是一个根本问题，至少对那些有形而上倾向的人来说。我们谁也无法肯定地说，上帝是否和宇宙一起掷骰子。关于无奈的尘世（更准确地说还是纸上的）实用主义，正如史蒂芬·金所揭示的那样，保守秘密确实非常困难，这需要绝佳的策划，需要谨慎和圆滑，这意味着多少要偷偷摸摸地生活。

信息社会使得事情变得更为复杂，虽然不是对所有人而言。然而，那些愉悦的一级笔名根本不打算隐藏在别名背后，这样一切都变得更加简单。作家们无须像几个世纪以前的同行那样，保护自己免受造假或欺骗的指控；他们透明的面具可以在媒体前出现，可以与一张脸（虽然因着一级笔名——就犹如一剂淡淡的文学毒药，无法确切地说这张脸是真实的还是伪装的）联系起来，接受采访，并在有需要的时候与孩子、妻子和宠物合影，照片的背景可以是开阔的乡村、豪宅或是阴暗的城郊。

并非所有的面具都是战利品；除了成功，当然还有困难重重的追踪和捕获，文化因素对笔名猎手有着绝对的重要性，尤其是从 20 世纪开始。媒体时代改变了书目研究工作，实际上将其从学者（怀着高尚或怪异的道德意图）的工作转为一场壮观的冒险（一场面对读者不断增多的挑战）。幸运的猎手总能取得胜利，作者要么失败，要么成功：这完全取决于一个作者如何应对，如何在这个舞台上表演，从 18 世纪到今天，这个舞台经历了巨大的变化。

无论如何，必须重申的是，即便是为了娱乐或是宣传（曾发生过，效果并不理想），隐藏姓名也从来不是一个徒劳的举动。当内尔·哈珀·李以哈珀·李之名出版《杀死一只知更鸟》时，去除了一切女性特质。哈珀·李这么做当然不是为了隐藏自己，她也希望借此提高小说的销量，或是让自己更受重视（至少在某些方面），这与一个多世纪前的勃朗特姐妹并无不同之处。她所处的时代是 20 世纪 60 年代，那时的美国是个保守的国家。然而，又是什么原因驱使同年代的女性作家菲莉斯·多萝茜·詹姆斯和安东尼娅·苏珊·拜厄特，使用中性首字母（变为 P.D. 詹姆斯和 A.S. 拜厄特）来掩饰自己的原名呢？

此外，A.S. 拜厄特选择使用第一任丈夫的姓氏作为笔名。二人于 1969 年离婚，促使她做这个决定的原因之一可能是将自己与同为小说家的妹妹玛格丽特·德拉布尔区分开来，二人的关系也一直不大融洽。除了家庭原因，关于性别的小误会（之所以说是小误会，是因为这些女作家不会躲在笔名背后），至少在表面上看起来不是刻意所为。当乔伊斯·卡罗尔·欧茨或史蒂芬·金试着以完全不同、几近对立的方式去解释他们的选择，将这种选择联系到写作风格时，就会迎来一个超越笔名的领域（西默农也因相同原因碰到过），即异名。此处，一个不可逾越的人物瞬间变得清晰可见，那便是前文"异装"部分就已提及的费尔南多·佩索阿。

在信息科学中有一个专业术语指系统可同时运行多个程序，这个词随后又很快进入大众语言。这位著名的葡萄牙作家可谓文学史上第一个真正处理多重任务的大师，且远远超越了当代夸张的隐喻。万能词听起来会略显讽刺，而如今这个词并不再有无礼之意，幸运的是，佩索阿根本没想到会产生哪样的语言结果。费尔南多·佩索阿无意躲藏，面具对他有着其他用处。它们是佩索阿自我增生过程中华丽舞台的服饰，让人无法断言这究竟是一种抹杀还是消失的方式，或是一种夸张的自我肯定。

关于在里斯本发生的故事，还有事情的缘由，佩索阿在1935年1月致诗人、翻译家好友阿道夫·卡塞斯·蒙特罗的长信中做了解释。后者曾向他问及异名的起源。"一天，"佩索阿写道，"我突然想起和萨－卡内罗开的一个玩笑：创造一个复杂的田园诗人，我会用某种我已经忘记但貌似真实的方式描述他。我花了几天时间，努力想象这位诗人，终归徒劳。一天（那是1914年4月8日），我终于放弃了。我靠近一个高高的抽屉柜，抽出一张纸，站着开始写，正如我时常做的那样。我一口气写了三十多首诗，之后，我感受到了一种难以形容的巅峰快感。这是我生命中的胜利日，我再也不会有另一个这样的日子了。"

信中提到的那件家具经过妥善修复后，被保存在诗人生命最后十五年生活过的房间内，现在已改成一个颇有意思的多媒体博物馆，位于里斯本科埃略·罗卡路16号，是为纪念这位大文豪而建。佩索阿形容的家具（"高高的抽屉柜"）其实并不"高"。相反，那只是一个非常简单，高不足一米，有着三个抽屉的柜子而已。站在柜旁写作应该不太舒服，但显然，一个个异名的涌现，使佩索阿完全忘记了腰疼。至于1916年在巴黎自杀去世的马里奥·萨－卡内罗，与佩索阿一样，为同一个圈子的现代派诗人：在萨－卡内罗过世之后，佩索阿负责其诗作的编辑与出版工作。他在诗人遗著中这样缅怀作者："艺术天才萨－卡内罗一生从未体会过快乐或幸福。只有他创造和尝试的艺术能给他带来一时慰籍。那些被众神所选择平等对待的人，亦是如此。爱情拒绝他们，希望无视他们，荣耀远离他们。他们早早死去或垂死挣扎，苦无知音或受人漠视。马里奥在年轻时死去正是因为众神眷爱他。"

佩索阿也眷念他，为帮助远在巴黎的萨－卡内罗走出抑郁，他创造了一位"田园诗人"。他在信中继续写道："我开始起了一个题目——'牧羊人'。随后那个人的容貌出现在我心中，我马上给他起名阿尔贝托·卡埃罗。请原谅这句话的荒唐，因为我的大师在我心里出现了。这就是我的第一感觉。这种感受如此强烈，当三十多首诗一写好，我拿起另一张白纸，又是一气呵成写下了六首诗，后来成为费尔南多·佩索阿的《斜雨》。迅速、完整……作为阿尔贝托·卡埃罗的费尔南多·佩索阿转向了费尔南多·佩索阿本人。更确切地说，这是费尔南多·佩索阿反对阿尔贝托·卡埃罗不存在的回复。"

就这样，作者的原名也成了异名，并与其他名称一样重要。这犹如一个雌雄同体细胞增殖的过程，可那些新产生的细胞却与"母"细胞完全不一样。的确，"阿尔贝托·卡埃罗出现后，我就从潜意识里为他寻找门徒。从他虚假的异教主义中，我提取了潜伏在深处的里卡多·雷斯，我发现了他的名字，并适用于他，因为我早已看见了他。随后一个新的个体，与里卡多·雷斯完全相反，突然涌入我的脑海。随性而写，一气呵成，阿尔瓦罗·德·冈波斯的《胜利颂》就这样诞生于我的打字机"。这个场景不可思议：我们正在协助一个个"灵魂"的繁衍，它们独立出现在意识层面。它们从哪儿来，无人知晓，也许只有作者清楚。和其他任何人相比，跟诗人相处，充满了不确定性。诗人自己很清楚整体布局："我该如何以三人的名义写作？……卡埃罗，通过纯粹且意外的灵感，不知道也不计划，我将要书写的内容；里卡多·雷斯，在经过一番抽象思索后，一首颂歌很快便呈现出来；冈波斯，当我突然感到有冲动时我便创作，即使我不知道要写什么。（我的半异名贝尔纳多·索阿雷斯，在很多方面与阿尔瓦罗·德·冈波斯相似，总是出现在我疲劳或困倦、思考和克制能力都不强时；散文真是一种无尽的幻想。）"

在《一个人满为患的箱子》一书中，意大利（或许也是欧洲）最重要的佩索阿研究者——安东尼奥·塔布基，公开了诗人安德里亚·赞佐托一次简短的采访。其中，赞佐托向他指出了"佩索阿内心深处的痛苦，以及一丝背信弃义，既不愿意也不能称这些符号为笔名。事实上，似乎所有的事情都围绕着名字或不同的名称展开"。至于书名中提及的箱子，是在诗人去世（1935 年 11 月）八年后被发现的，里面保存着两万七千份未知的文稿：除了以异名（能和原名对得上）发表的文章，还有诗歌、部分日记、短篇小说的初稿、新书的大纲、已知或未知的异名。"只有那些对自己所感无法思考的人才会严守语法规则"，他在遗作《惶然录》（又译《不安之书》，其中至少部分作品署名为贝尔纳多·索阿雷斯）中写道："让语法来为那些在表达自己时能够主导自己的人服务。"

第十章

科学怪人弗兰肯斯坦

起来，起来，埃琳娜之子，揭竿起义，

拉开弓箭，声嘶力竭，

向着敌人，奋勇前进，

让他们人仰马翻，乱作一团，

任凭夜间的暴雨，洗刷侵袭。

或者，可选择：

哦，月亮，从云雾间，出来吧！夜晚的星空，

出现吧！一丝亮光引导我来到爱人的休息之所，

他因狩猎而精疲力竭，他的弓箭终得松弛，他的猎犬在身旁徘徊！而我就坐在这儿，孤身一人，坐在满是荆棘的河岸边。听着流水声与暴雨声交相辉映，却再听不到我爱人的声音。

这两段诗歌摘自同一部作品。修道院院长切萨罗蒂（他曾轰动一时，勒内·夏多布里昂认为，他的诗歌是拿破仑最喜爱的作品之一。拿破仑不仅爱好诗歌，作为科西嘉人，他还精通意大利语）或许早已不为人知，在这些意大利语诗句中还遗留着18世纪语法的痕迹；而沃尔夫冈·歌德的诗歌散文则启发了斯特凡·德朗的浪漫主义。然而，在没有充分信息的情况下，乍一读，很难推断出这些诗句系出自对3世纪苏格兰勇士、诗人作品的翻译，一个有幸被重新发现的荷马，进而成为众人追捧的对象。这里援引切萨罗蒂的译作，因为它是促成其国际知名度的"动力"之一，修道院院长将译作推荐给歌德时，受到后者的高度评价。

人们对于荷马是否为《伊利亚特》和《奥德赛》

的唯一作者存有疑虑，但无人会怀疑荷马史诗存在的真实性。奥西恩（又译"莪相"，Ossian）和许多其他作品的虚幻作者一样很可能并不真实存在，其作品绝大部分为18世纪苏格兰诗人詹姆斯·麦克弗森所创作：他沿着或许真实存在过的奥西恩的模糊足迹（在爱尔兰），借助史诗和残缺不全的手稿，勾勒出了苏格兰最伟大的神话之一。即便该作品在语法方面可以说很难站稳脚跟，但注定会流芳百世，并深深影响着欧洲。伴随着麦克弗森，我们已经走到了宽广的笔名王国的边缘。这是一个不寻常的案例，很少有人会取得成功——创造一位作家。奥西恩无疑是最好的代表，如果说他是被创造出来的，那可谓漏洞百出。麦克弗森一生都声称自己只是翻译了一部史诗，除了向自己信任的朋友和那些被他吸引的学者，他从未公开过自己作品的原本手稿，并宣称这些与现实毫无关联。此外，正如当代评论家（尤其是英国和爱尔兰的）注意到的那样，这个奥西恩充满了矛盾，首先就是公元3世纪的苏格兰还没有爱尔兰裔凯尔特人居住，因此不可能讲古盖尔语，他更可能是那些拉丁作者猜测的皮克特人。

　　然而，当时的情况对他非常有利，以至于他克服了所有障碍，甚至撰写《罗马帝国衰亡史》的伟大历史学家爱德华·吉本也深陷其中，并接受了塞普蒂米乌斯·西弗勒斯时代的凯尔特假说。令人难以置信的冒险已经被重建了很多次。但是，没有人比创作《苏格兰的发明》的历史学家休·特雷弗·罗珀更为苛刻。这本书建立在苏格兰的三个神话层面之上：一个是苏格兰短裙，但遗憾的是我们不能展开太多；另一个是历史地理层面；还有就是文学层面。这个令人鼓舞的漩涡中心是高地，在爱丁堡低地对面的山区西部，居住着一群浪漫的野蛮人口，直到 18 世纪，由于其原始和较为暴力的习俗而被忽视或鄙视。高地地区的人口以宗族为单位，是苏格兰反抗英王统治的灵魂所在，自从成为关注的焦点，人们对这里的文化热情直到现在也未有衰减，只需要将目光稍稍投向电影院的银幕便可以知道。

　　麦克弗森生于 1736 年，是一名农夫的儿子。他在领主的宫殿里长大，因为他父亲是领主的远亲。此外，在斯特拉斯玛希城堡中，他与1745年战争中叛乱的领主的儿子（逃犯）——拉克兰关系密切。拉克兰比他大几岁，热衷于民间文化，用盖尔语写诗，最重要的是，他精通高地地区仍在使用的古凯尔特语。麦克弗森是一位穷困潦倒但志向远大的知识分子，通过一系列幸运的机缘找到了自己的出路，他的毅力令人钦佩。他在早早地完成学业后，无意留在自己的故乡鲁思文教书。对他来说幸运的是，苏格兰在经历了两次针对英国汉诺威王朝的灾难性起义，以斯图亚特的名义发起独立的梦想后，即便留在联合王国框架之内，也不再以武力寻求自己的威望和民族尊严。爱丁堡成为启蒙运动的扩散中心，涌现出一批名人，如才华横溢的哲学家大卫·休谟、经济学家亚当·斯密、历史学家爱德华·吉本等。与此同时，人们不再关注高地地区的英雄们，这些在世纪之初被击溃的革命军，最终被人以诗歌的形式纪念。

英格兰正在发现莎士比亚和弥尔顿的伟大。埃文河畔的吟游诗人终于成为民族自豪感和文化的象征（1741 年，威斯敏斯特大教堂内竖起了他的第一尊雕像，1769 年埃文河畔的斯特拉特福德举办了盛大的莎士比亚庆典，他的名望达到顶峰，并再未被人遗忘）。整个北欧都沉浸在寻找辉煌过去的氛围之中（当然，南方是其根源）。在德国，很快于 1755 年发现了一本民族诗《尼伯龙根》的手稿。苏格兰呢？爱丁堡在知识方面的伟大成就为同时代的产物，但他们一定有过光荣的过去。人们开始寻找，以不确定的信念在民谣和幸存的宫廷吟游诗人（领主们将其存留在家中，因为后者叙述着自己的家谱）中寻找。直到不久前，他们一直是人们最为唾弃的对象，被认为是醉汉和无知的寄生虫。但是，由于新的前浪漫主义风潮，人们开始认为他们恰巧是垂死文化的最后守护者。

　　麦克弗森努力使垂死文化得以复兴。或者，更为恰当地说，他由此获得了一个划时代的发现。就像其他学者一样，他也致力于在最偏远的地方，尤其是岛屿上的教会堂区收集民歌或转抄的手稿。与此同时，他在一个古老的贵族家庭担任教师，这件事帮了他不少忙。因为他不仅受到了保护，还有机会不断培养人们对于民间事物的兴趣。1760 年，他在爱丁堡出版了《古诗词片段，收集于苏格兰高地，由盖尔语或厄尔塞语翻译而成》，作品由十六首诗（或者更为准确地说是歌谣）构成，得到了苏格兰学界泰斗们的认可。休·布莱尔（与乔治·奥威尔无关）在序言中支持作品的真实性，认为它"与苏格兰的早期基督教相呼应"。不仅如此，布莱尔还认为，这些诗词中的大部分，尽管相互间并无联系，但让人不禁想到它们是有关英雄芬格尔战争巨作的一部分，并在当中被慷慨地提及。现在要做的就是不断挖掘其内容，麦克弗森也不奢求更多。

在苏格兰启蒙运动人士的资助下，麦克弗森最终得以进行一次真正的诗词探索之旅，并在偏远的土地上徜徉了好几个月。依靠着宗族关系，麦克弗森拜访了业余古董商、当地学者、热情的本堂牧师和绅士。他全神倾听，做下笔记，获取了一些手稿。他熟练掌握盖尔语，能够背诵诗词（正如对他的保护人所做过的那样），但他并不能被称为专家。麦克弗森是一个富有进取心的年轻人，尽管如此，他还是要依靠斯特拉斯玛希博学多才的拉克兰的帮助。他其实并没有做太多（未找到古代诗歌的踪迹），但由于不能让爱丁堡的知识分子失望，因此提出了最大胆的解决方案。

经过几个月的自我封闭和疯狂写作（很有可能是四手联合），麦克弗森于 1761 年胜利地宣布，自己已经发现了奥西恩神话的整部史诗；其中，凯尔特的盲人诗人荷马歌唱着父亲芬格尔的光辉事迹。他的译本严格意义上并不是诗体的，而是一种诗意的散文，可能是受圣经的启发。他随后成为苏格兰所追寻的英雄。《芬格尔》于当年年底出版（尽管版权页上显示的时间为 1762 年）。这是一次巨大的成功，不仅是苏格兰人（英格兰人对此比较冷漠），整个前浪漫主义欧洲都为之感动并表示认同。约翰·戈特弗里德·赫尔德撰写了一篇《关于奥西恩和古代民歌的信件摘录》，弗朗兹·舒伯特则为此作曲。更不用提歌德了，他在著名的《少年维特之烦恼》中引用、翻译了大量文字。这章开头处提到的诗句正是维特在最后一次见洛特时所说,那次会面也导致了这个年轻人的悲惨结局,但他同时也得到了心爱之人唯一的亲吻。在第二卷的一份书信中(10月12日),维特肯定地说:"奥西恩在我心中占据了荷马的地位。"

恼羞成怒的大卫·休谟,在经历了最初的热情后,开始怀疑。他向苏格兰的文学大师詹姆斯·鲍斯韦尔吐露,他无法相信《芬格尔》的真实性以及"五十个赤裸裸的高地人"的观念。然而,这毕竟是少数派的立场。除了五十个高地人(不屑的语气是针对当地人穿着的长衫,后在下世纪初被短裙取代,并很快在资产阶级和贵族中流行开来),奥西恩热潮至少在接下来的几十年中,影响了当时世界的许多知识分子。拿破仑也成为其追随者,甚至让画家在马尔马逊城堡中创作"奥西恩式"大型壁画。也许他并未能准确把握历史的讽刺意味——当1815年不列颠军团(主要由苏格兰军人构成)进攻时,身穿苏格兰短裙、佩戴风笛的这些浪漫神话之子（实则无知）前来消灭了他的帝国和雅各宾梦。

　　麦克弗森（卒于1796年），作为一名苏格兰知识分子、神话的创造者、英王忠诚的公民，却无法见证自己的胜利，但是也许他不会在意。在发表了一首较为温和的诗歌《特莫拉》之后，麦克弗森在短短几年内完成了寓言的创作，即《奥西恩之歌》，其中收录了三首包括民谣的作品，并迅速获得成功。他停止写作，致力于政治和商业，在这些领域中，他同样证明了自己的才华——他不仅变得富有，而且还创立了特雷弗·罗珀所称的"麦克弗森黑手党"。这个组织的成员均为虔诚的高地人，他们环帝国旅行，做着或多或少令人称赞的业务。实际上，英国历史学家提出了这样的怀疑：在这种突然的改变里，其中的秘密也许与合著者拉克兰之死有关。在这里，也许我们的论点有些不怀好意，因为在任何情况下这都无法被解释。事实是麦克弗森继续为此辩护，但他从来没有就奥西恩的真实性与评论家争论过，表面上是无视爱尔兰学

者——后者指责他混淆了文献，因为与奥西恩主题有
关的材料全部来自他们的古诗歌和民谣，后来才由凯
尔特人移民带到苏格兰。

实际上，爱尔兰能说得上话的人较少。相反，约
翰逊博士则可能是一个非常危险的人物——他是当时
英国学界最敏锐、最受敬重的学者。早在 1775 年，他
就提出了关于诗歌的一些不协调的因素，包括时代、
历史、背景的错误或混淆，在一定程度上影响了诗歌
的公信力。与其他古代作品不同的是，它没有透露任
何有关风俗习惯的信息，当中只有战争、乌云密布的
天空、大雾和风雨交加的海洋。尽管如此，约翰逊也
没法穿透奥西恩的堡垒，只能提出怀疑：以至于在 19
世纪初，仍有所谓的评点本出版。

沃尔特·司各特始终相信史诗的真实性，1805 年，
他写道："它将阿喀琉斯的力量、英勇与查尔斯·葛
兰底森爵士的友善、感性和崇高灵魂相结合。"查尔
斯·葛兰底森爵士即塞缪尔·理查逊同名小说中的人
物，该书出版于 1753 年，讲述了查尔斯·葛兰底森爵

士以 18 世纪特有的精心和善意拯救并保护一个遭受迫害的无辜小女孩。司各特接下来本有机会改变观点，或者至少可以有所怀疑，但是对于他个人而言，他曾于 1822 年组织乔治四世前往爱丁堡访问，并让包括国王在内的所有人都穿上了苏格兰短裙——奥西恩仍然很重要。只有随着时间的推移，和对盖尔语的不断研究，人们才会认为那部作品为伪书，而麦克弗森不过是一个幽默的骗子。然而，将其定义为历史上一个成功的玩笑，还是不够准确的。

像弗兰肯斯坦博士一样，麦克弗森完全按照个人的意志创作，作品中的内容也大多是东拼西凑，加入一些找到的元素（翻译的内容由相关领域爱好者提供，语句通常已润色过且达到出版水平，但这并不代表所有的爱好者都是值得信赖的研究人员），加以整合、修改、重写，甚至编造。他创造了一个神话，一个影响了 18 世纪和 19 世纪初期文化的强大神话，这个神话也吸引了最聪明的人。他发现了一种需求，并据其生发出一段非凡的叙述，换句话说，他撰写了一部伟大的小说，一部他所处时代所期待的小说。在整部小说中，无疑穿插着一个巧妙的故事，一些有趣而重要的细节。苏格兰史诗的创作者其实至少有一份从古老程度而言更为可信的手稿，其中当然包含了不止一首诗歌，还有非常接近原始形态的诗句和民谣。然而，手稿非常复杂，通篇用盖尔语写成，且残缺不全，难以解读。很显然，创作奥西恩的作者并没有使用其中的内容，他甚至不一定能读得懂。

如果这算不上证据，至少算得上一条有趣的线索——它告诉我们这并不是一个简单的"文献学骗局"。主人公当然是一个冒险家，但是真正的骗局却在于其他方面，这是作者的一个面具游戏、一次挑战、一次近乎疯狂的挑战，也可以说是一次险胜。麦克弗森策划了一次有趣的文学"造假"，可能像那些似乎并不优秀但才华横溢的作家一样，他书写了一部伟大的苏格兰小说，诠释了情感与欲望、野心与神话。

他不是唯一。他的榜样注定要被后人所模仿。还有一个人，比麦克弗森更优秀、更仔细，但不如他坚定。一个完全不同，甚至相反的作家，在一个世纪之后进行了尝试，并成功地完成了同样的事。麦克弗森，用最简单的话来说，就是想致富，或许他也想获得名望和声誉，但终究还是倾向于发财。然而，皮埃尔·路易（原名皮埃尔·费利克斯·路易）只想找些乐子。他成功地做到了，在19世纪末学术界一次超乎完美的考察中，他展现出了自己的才华，这次事件也产生了历史性影响。这件事与梅里美及克拉拉·加苏尔没有关系，更不涉及圣伯夫的《约瑟夫·德洛姆的生活、诗歌和思想》，后者于1829年创造了受诅咒的女诗人形象——或许正是受到了梅里美的启发，至少在文学创作方面（但游戏是透明的，圣伯夫并不把这视为一个真正的发现，他仅仅针对找到的手稿，使用了一些广为人知的技巧，并在死后由朋友代为出版）。路易留着胡子，举止好似纨绔子弟，眼神犀利，性生活泛滥。他是个藏书家，自编自导了（令人愉悦的）骗局。在25岁时，他被人（少数人）视为一个前途无量的研究希腊的学者。此外，他还是一个崇拜波德莱尔的文学家，是马拉美、纪德甚至奥斯卡·王尔德的朋友；他是一个颓废滑稽的象征主义者，一个狂热的文学爱好者。当然，他也是一个思维活跃的人。

他从零开始，创造了一名公元前6世纪的希腊女诗人。《比利提斯之歌》完全由他杜撰出来，只有诗人们注意到了这一点，但他们对此保持沉默。学者们深信不疑，特别是德国学者，这些人学识渊博，而且有些爱吹牛。"一床两个女孩，睡意已经在门外：比利提斯，你喜欢谁？告诉我，告诉我。她的腿儿，滑过我的腿，轻轻将我擦摩。"她带着诱惑的声音哼着《殷勤的女友》。"我们就这样永远相系。一束发，两张相压的嘴，仿佛一段根，长出两棵桂花树。"她又轻轻地唱着这首《秀发》。一切都充满了19世纪末期的特征，有优雅又恰到好处的放纵，还带着一丝盲目的崇拜——但路易是一个完美主义者，他并不局限于文本的创作，更成就了所谓的幕后经典。

《比利提斯之歌》于1895年出版，附带一段俏皮的题词："献给未来社会的少女。"在首版发行时，作者还公布了一项轰动性的发现，但奇怪的是，它最终石沉大海。他表示，在塞浦路斯岛上，伟大的德国考古学家海姆成功地进入了一个保存完整的墓穴。这是两个妓女的墓，墙壁上写满了优美的诗句。他研究了其中的百余篇作品之后，将其翻译整理成集，也就是这部重要的（又不存在的）《比利提斯之歌首发——附字典》；他似乎正在准备出版第二卷。那个皮埃尔·路易献给读者的，便是首版法语译文。

诗人概括了相关文献的背景，并解释说，这些诗作"风格沉重，充满了来自闪米特语族的野蛮词汇"，因为比利提斯原是来自色雷斯的牧羊女孩，后在米蒂利尼岛出名（该岛即今天的莱斯博斯岛，但不是作为诗人出名），并在此遇见萨福。路易特别突出了奇遇的部分，以向往的口吻描述了进入墓穴的那一刻。墓穴有着神秘的气息，骨头接触空气后会立刻变为粉末。路易还曾因诗篇太长决定不出完整版，他为自己准备了一份足以让德国（和法国）学者羡慕不已的详细文献笔记——当中充满了难以理解的缩写，用拉丁文为希腊文本做批注，大量引用其他作品的翻译。总而言之，这是一个迷宫般的注解系统，但符合当时略显偏执的惯例。除了比利提斯，她身边的每个人物都有历史记载，从被当作她情人的姆纳吉笛卡开始，就存在着一些晦涩难懂的希腊文记载。

这个玩笑大获成功，且绝非只是"管中窥豹"。在1889年的版本中，上文所提的注解被比利提斯的生平所取代：一个虔敬对待宁芙仙子的纯洁牧羊女孩，后来成为供奉给月亮女神（阿斯塔蒂）的庙妓。在此期间，学者们在没有足够证据的情况下也已肯定了诗集的成功。皮埃尔·路易在书信中高兴地谈到那些著名的文献学家对自己的夸奖，以及其他一些人的批评，后者大多一本正经，甚至有人信誓旦旦地称，他们早已认识那位女诗人。维拉莫维茨·默伦多夫，日耳曼学的教授，认为《比利提斯之歌》是有关比利提斯的虚构书籍。他重申，这不是为了推翻整个事件，而是为了证实文献学研究的潜在危险。另一方面，马拉美、纪德似乎已经嗅到了骗局的味道，但仍对其大力赞扬。

有意思的是，没有一个人想过要寻找海姆教授的信息。一个幽灵考古学家，在他的名字中就有所暗示——"geheim"一词在德语中意为"神秘"或"秘密"，起名为 G.Heim，相当于是在说"捉迷藏"。1896 年，出版商阿曼德·科林的一本辞典还颇显权威地引用了他的文章，仿佛这与作者都是真实的。

有那么几年，比利提斯几乎是毫无争议的。这也是因为那些看穿了游戏的人无意过早地结束游戏。1897年，克劳德·德彪西为《比利提斯之歌》谱曲。

长期以来，比利提斯是作者创造的最有趣的一个笔名，由最新、最夸张的笔名演变而来，是一张三维面具，可谓一个落荒而逃的名字。麦克弗森与奥西恩之间的关系当然不同于皮埃尔·路易与比利提斯之间的关系，但这两个案例都使人联想到了所谓的戈仑（魔像）综合征。作者创造了一个人物，并将自己的职责附加于他，陪伴他，让他成为另一个自己。对于路易，他的戈仑，或者更确切地说，他的科学怪人显然没有玛丽·雪莱杜撰的可怕外形。她于 1818 年匿名出版《弗兰肯斯坦》，而所有人都认为这是她丈夫（那位年轻英俊、在沉船事件中身亡的诗人）所为。关于这本小说，她其实打算献给自己的父亲威廉·葛德文，也就是丈夫的岳父。这两种说法都能行得通。

直到 1831 年第二版出版时，玛丽·雪莱才决定使用自己的名字。在回到英国后，她面临着经济问题，因此需要尽可能地为这本书打造声势。这也算是摘掉面具的一种方法。无论如何，更容易让人想到的是那个追逐着麦克弗森直到北极（苏格兰的北方离冰封世界并不遥远）的人物，而不是皮埃尔·路易笔下热爱温暖气候甚至是希腊岛屿上炎热气候的人物。

第十一章
终结者

艾莎·阿基多，一位迷人的女演员兼导演，近期因领导"＃我也是（#Metoo）"运动而占据各大报刊头条。这样的人物当然不会只为导演电影《巧克力猫王》（影片改编自 J.T. 勒罗伊的同名获奖小说）而耗费全部心力。2002 年 12 月，就在为拍摄筹集资金时，她对外界宣布自己怀上了小说作者的孩子。又或者是女作者的孩子？这听起来有些不可思议，但谁又能知道呢？从技术上来讲也并非不可能。随后，人们推测艾莎·阿基多应该是在比喻，暗示一种文学上的人工授精，其中当然少不了勒罗伊的完美配合。后者透露，这多半是一种意象表达。她口中的"孩子"指的是,那部在 2004 年戛纳国际电影节上大放异彩的电影。剩下的部分,则为小说作者从意大利旅行归来后导演的一场秀。明星体系不是一件小事:这位作家此前从未踏出过美国一步,甚至很少在公众面前露面。

他应邀前往罗马,讲述了自己坎坷的一生,让公众大为感动。他含着泪水为读者朗读自己的小说,并在意大利出版社人员的陪同下参观了罗马古城。这家出版社击败了所有的竞争对手,成为首个在海外翻译并出版《巧克力猫王》的出版者。这个精彩又可怕的故事描述了一段被毒品和淫秽腐蚀、不断挣扎在精神疾病边缘、最终通过写作而完成自赎的青春期。整个故事写得不错,为读者提供了额外的情节、电影、书籍和心跳的感觉。对于作者和大众来说,耶利米·终结者·勒罗伊(作者的全名,一个令人回味的名字)象征着一个冷酷无情的资本主义社会,一个盲目、孤独的真实悲剧,但同时也象征着救赎与仁慈。

关于勒罗伊的资讯已有很多,尽管他沉默寡言且常被自己的言语感动，让人难以捉摸。他于 1980 年万圣节那天出生在西弗吉尼亚一个贫困的家庭。他离家出走（当然不是立刻出走，而是一旦有机会的时候）后开始了四处漂泊的生活，并注定成为他人生命中的受害者。在旧金山，一名社工和一位心理医生帮助他最终摆脱了那种生活。前者实际上收养了勒罗伊，后者则开始引导他写作（正如意大利著名作家伊塔洛·斯韦沃笔下的人物泽诺一样：当然，这是在一个比的里雅斯特更具末世意义的背景下，虽然《泽诺的意识》里的确有一个不可靠又具报复心理的心理医生，但这里面对的却是《银翼杀手》，远不只有抽烟的恶习）。勒罗伊以笔名"终结者"完成处女作《洋娃娃》，成为小说合集《太过直白》中的一篇，迅速引起读者的关注。

2000 年，勒罗伊出版小说《撒拉》，讲述了一个雏妓的故事，随后便是大获成功的《巧克力猫王》和《哈罗德的终结》。勒罗伊让许多名作家着迷不已，如查蒂·史密斯、戴夫·艾格斯；此外，还有卢·里德及部分娱乐圈名人非常喜爱他的作品。勒罗伊还是波诺、科特妮·洛芙、薇诺娜·瑞德、塔图姆·奥尼尔等明星谈论的焦点。

这一切都与良好的公关活动不无关系（勒罗伊会写信给好莱坞明星，后者也许会因信中内容感动得热泪盈眶，有时，甚至带着不单纯的动机向他提出见面，而他也会委婉拒绝）。此外，还有精心策划的计谋，如宣称在经历了这么多的不幸之后，被检测出艾滋病阳性。对于明星体系，或整个西方社会的罪恶感来说，他是一台完美的机器；然而，就像所有过于完美的机器一样，有时也会突然出现故障。2006 年 1 月，《纽约时报》给世界各地的读者送上了一份令人好奇的新年大礼，宣称一项调查已经完成。他们有证据表明，勒罗伊根本不存在。不仅如此，事实上，出现在公众面前的是一位名叫萨凡纳·诺普的女演员，这几部小说的作者则是一位来自布鲁克林的前歌手——劳拉·艾伯特，她的丈夫杰弗里·诺普也被卷入其中，他同时也是女演员同父异母的哥哥。

还有更多证据表明，这是一个世纪笑话，在家中边吸毒边乱弹吉他时创造出来的一拳"重击"，有着影响整个文化产业的野心和结果。事实上，这个玩笑最终还是以最"资本主义"的方式被揭穿的，那就是算账。勒罗伊意外得到了一份《纽约时报》的工作，起初，报社以赞赏的口吻联系他，还委托他写一份关于巴黎迪士尼乐园的报道。报社财务部门在收到相关发票后发现账目含糊不清，进而产生怀疑，并猜测整件事情不仅关乎笔名（他们对此根本毫无兴趣），还涉及随意使用公款。他是真的去过法国，还是坐在家中杜撰了一篇报道，并私吞了这笔不菲的差旅费？诸多线索指向第二种假设；例如，报社尝试从作家律师那里获取一份作家护照的复印件，但并未成功。

这些质疑声迅速让《纽约时报·书评周刊》的一名记者也心生疑惑，早在 10 月份他就曾撰文称，自己不太相信勒罗伊的身份，例如那个曾经收养他的社工艾米莉·弗雷西根本不存在。当时的线索还不够多，但方向已经明确。在三个月左右的时间里，那个曾经在美国和西方世界风靡五年的笔名（在为数不多的采访以及与好莱坞明星的通话中，劳拉·艾伯特似乎都是用如动漫影片里那种微弱的声音说话，有些像萨凡纳在公开场合的讲话），在悲喜交加中垮台。其中不乏各类丑闻、电影拍摄计划被取消、各种威胁案例和出版社起诉可怜的女作家（因为这毕竟就是艾伯特），后者只能和她的"终结者"笔名一起消失在众人的视野中。这些一度大放异彩且受人追捧的小说，一时间成了应该尽快被人遗忘的差书。

劳拉·艾伯特所做的事情，与麦克弗森或梅里美做的并没有实质区别，但与他们的时代相比，艾伯特或许没有考虑到一个重要的新因素，即媒体已变得十分庞大且无处不在。此前其因力捧艾伯特而遭人嘲笑，因此变得极具报复性。这张"面具"再次成了虚伪和欺骗的近义词，至少在如此轰动的情况下，17、18世纪一些早期的目录学家就是这样想的。麦克弗森之所以会被宽恕，是因为他让一个时代的梦想成为现实。然而，同样的论题，人们却对"00年代"的奥西恩提出控诉，他们对"真相"的渴求几近贪婪，而且也有点儿太容易上当受骗。

值得一提的是，此次事件并没有留下什么不愉快的风波。那位意大利出版社的编辑，在"终结者"的性别秘密被揭穿后仍不敢相信，惊讶地回想起在博尔盖塞别墅公园踢足球时，曾看见萨凡纳的双腿肌肉发达、满是毛发，并说自己确实偷看到身份证上写着耶利米·勒罗伊的名字。一切皆有可能，即使是最细微的伪造，更不用说一张由名人出示的外国证件。小说里有很多类似的情况，只要想想菲利普·罗斯写的《夏洛克在行动》：其中的作者（叙述者）发现有人在以色列冒充他的身份惹是生非；他花费了许多时间才找到头绪。然而，小说终究是虚构的，劳拉·艾伯特的作品也不例外。她的弗兰肯斯坦并不是庞大面具收藏馆的终结者（艾伯特或许是出于迷信才这样命名），最多只是一个战利品。这看似是在否认，其实却不可避免地使人联想到结构主义提出的"作者消失论"。

"谁在说话有何关系？"——米歇尔·福柯于1969

年引用贝克特的一句话自问。一年前，罗兰·巴特也出于类似意图写下了《作者之死》一文，证明一部作品并不属于一个特定的人格或某个启蒙意义上的主体（有责任和自我意识），而是语言在叙述作品并主导每一个主体，不是"叙述"，而是"被叙述"。福柯认为，19 世纪的学者是为寻找那张隐藏在文学作品背后的面孔（作品因此被视为用来隐藏和伪装其他事物的面具），而如今却像是作者本人在写作的过程中走向死亡，融入一片更宽广的海洋，那便是语言。此外，这位法国哲学家在《什么是作者》一文中，提出了一些非常有趣的历史观点。例如，他认为，这个类别在历史上只有承担司法职能时（执政者要确认一个人的作品，进而做出判断）才存在。或者，在 18 世纪之前，即在面具图书馆之前，作者的姓名对于科学作品至关重要，因为可以保障作品的真实性；相反，对于文学作品却不然。不过，随着时间的推移，这个对比出现了逆转。

笔名的历史，随着普拉齐乌斯撰写的《匿名与笔名作者著作目录汇览》，以及 18 世纪如雨后春笋般出现的"曝光者"，逐渐变得热门起来。这似乎与上述论点和最新的媒介文学案例有些矛盾。其中，最具代表性的当属勒罗伊。这些案例告诉我们，在大众意识中，作者的形象或许并不像福柯假设的那般，纯粹只是一个"功能"。它实际上是一种根深蒂固的东西，是对真理或真相的渴望。选择尽量隐藏自己日常、非文学面孔的作者们，在这场辩论中应该站在哪一边呢？罗兰·巴特曾提出，作者是现代的产物，由英国经验主义、法国理性主义和新教改革而来。从批评的角度来说，作者的生平、经历、意图根本不重要，因为写作（写作是我们所看重的）的过程由无意识、无尽可能的组合、自动性、有意识或潜意识所主宰。那么，如果上述一切都是合理的，笔名又是何物呢？

一方面，笔名（至少那些二级笔名）似乎最接近"作者—功能"的想法，也最了解明确的身份不存在；另一方面，恰恰是在作者努力不被人认出时，笔名成了作者甚至"超级作者"真实存在最有力的证明。也正因如此，这个隐藏的"超级作者"拥有更高的现实地位。传统文学中的"作者—上帝"视角是小说第三人称视角中最常用的视角。隐藏的上帝具有超越性，凌驾于一切。从某种意义上来说，存在一种真正的骄傲或天真的"罪恶"，即使是在尼采之后。如果上帝死了，就不用再谈笔名了。或者反之而言才是对的？然而，在得出形而上的结论之前，请先回到福柯的另一个重要论题：是否真的能从作品中判断出作者是何许人？

归因论是指从一个画家使用的颜色、画笔或调色刀的运用方式，即从不那么显而易见的技巧，辨别一幅作品的作者。从文献学和经济学角度来看，该理论在具象艺术中普遍发挥着重要作用。那么在文学中呢？哲学家福柯认为，批评家仍在沿用基督教释经学的方法，即用以诠释圣经文本的"技巧"和模式。但是，在文学写作中出现的各种障碍，总是会让这些"技巧"与模式失败，因为文学写作不仅模棱两可，而且很难将其归于某个特定人物的名下。在这里，我们补充一个典型的例子：以作者用笔名创作的文本作为唯一的溯源工具很难，甚至可以说无法判断他们的身份。因此，以此为根据将毫无头绪，还得加入一些其他的"线索"。近年来，一些软件被开发出来以应对这个挑战。然而，所得出的结果并不比传统文献学得出的更为优秀。

终结者·勒罗伊的身份无法通过比较方法被揭穿，因为作者从未用自己的名字写过任何其他作品。即使那些曾经面临身份可能被揭穿的作家，从沃尔特·司各特到卡伦·布利克森，从帕特里夏·海史密斯到罗曼·加里，在他们决定主动取下脸上的面具，或者被人摘下面具之前，"作者—功能"一直是他们很好的保护伞。那些试图揭穿这张面具的人，总会想方设法挖掘有关作家身份的证件、买卖合同、信件、小道消息、证据等一切除文本以外的背景资讯（虽然细查之下会发现，两者之间其实并非毫无关联）。众所周知，对于辨认古代绘画大师（那些最难辨认的）而言，费用支出也非常重要。我们可以大胆假设，对于笔名作家来说也是同样的原理，或许还不仅如此。但最后，与已经发生或不该发生的事情相反，只有供词才能作为呈堂证供，否则，一切质疑都是合法的。

世界上最近一起笔名事件来自意大利。这位作者的作品在一跃登上美国排行榜榜首后，响彻全球。这个案例似乎正是为了佐证上述观点。毋庸置疑，我们谈论的是也许早已不太神秘的埃琳娜·费兰特。我们请求她进入华丽的普拉齐乌斯图书馆，哪怕只是一小会儿。环绕着她的是前辈们的一张张面具：罗曼·加里曾用笔名讲述自己的死亡，布·特拉文借用同一个工具来忘却自己的出生。二人都受到媒体与学者的追捧，他们也都坚持让媒体参与自己的幻觉（和文学）游戏。他们自始至终都在否认：一方面是法国的例子，面对不可靠又未经证实的重建；另一个则是特拉文的例子，即使有确凿的证据。

费兰特目前属于后一类，如果说至少在意大利，她的名字不再是一个秘密。她的笔名还在不断讲述自己的故事（出现在国际报刊上，如英国《卫报》），介绍着自己，构思着自己的叙事，甚至是自己想象出来的简介，哪怕只有零星片段。除了出于保护隐私的目的，其实在这个案例中也不涉及多大的威胁。费兰特不像布·特拉文一样，喜欢在柜子里留下遐想的痕迹。她的抵抗体现在文学层面，这使她颇似加里——作者成了小说中的一个人物。

现在，在等待这位意大利女作家找到属于自己位置的时候，我们应该重新检查一下学者的形象，他正夹着卷轴向我们走来。资料、证据，他的脸上充满了自信，也许他正准备将这些材料交给我们所称的导演或指挥。学者就是那个寻找和发现线索的人。导演指导着欢快的揭秘游戏，作者或者拟人化的书籍在他面前友好地接受了"真理"的邀请。这里更多是指希腊式的揭秘，而不是托玛斯·阿奎纳提出的"物与知的符合"——简单来说，就是理智与事物必须充分符合。可以看出，这个说法似乎并不能完全适用于文学领域。甚至可以说是一个乌托邦，或者一个看起来很相似的东西。

在费兰特这个案例中，这位学者（不，更应称之为一种学者理论）一直积极探究，最后得出了一个虽未获完全认同却也无可挑剔的结论。整个揭秘游戏当然是在意大利上演的。随着费兰特变得小有名气，在美国以及国际上取得成功，这个游戏也揭开序幕。"跟着钱走"——"深喉"在1976年上映的《惊天大阴谋》（别名《总统班底》）中对追查水门事件的记者这样说道。正如本书开头所述，意大利商业日报《24小时太阳报》记者克劳迪奥·加蒂为追查安妮塔·拉哈［意大利出版机构E/O（神秘女作家的出版商）的合作人、翻译家，出生于那不勒斯的意大利作家多梅尼科·斯塔诺恩的妻子］，积极采纳了"深喉"的意见。多年来，内部人士一直在谈论，并猜测她就是"头号嫌疑人"，但苦于没有确凿的证据，诸多文本分析也毫无结果。早在2005年，意大利语言学家路易吉·加莱拉在《新闻报》上发表了一篇长文，指出费兰特与斯塔诺恩在写作风格上多有相似之处，躲在笔名背后的很有可能是拉哈的丈夫。

近期，又有一位学者——彼特拉克和但丁的研究专家马可·圣塔加，为得出一个不同的结论选择另辟蹊径。他的分析侧重于内容而不是风格，他以《我的天才女友：那不勒斯四部曲Ⅰ》为研究基础，对书中多处关于比萨"师范生"（比萨高等师范学校的学生）的内容进行了研究。书中人物埃莱娜（也被称为莱农）1968年之前在比萨度过的时光给她留下了深刻又独特的回忆，这使马可·圣塔加得出结论，费兰特曾经一定是名师范生。就这样，他把目光锁定在社会历史学家、那不勒斯人马塞拉·马尔莫的身上，这种关注让她觉得很有意思，但她显然对此予以否认。出版社也出面否认，对意大利商业日报《24小时太阳报》接下来发表的独家新闻不置可否。报道中还对比了出版机构E/O的收益，以及给拉哈女士转账汇款的记录（具体合作项目不明）。两者之间的共同点在于金额的上涨。值得一提的是，第一个数据是公开的，而第二个则有所保密：这就意味着记者采用了匿名的消息来源，其真实性无法验证。

　　然而，证据确凿的是拉哈女士与多梅尼科·斯塔诺恩在罗马购置的价值数百万欧元的房产。他们的身份算是"被揭穿了",如果我们接受这个结论,本次揭穿的方式与乔治·艾略特和乔治·刘易斯的雷同,不过这次是通过媒体。案件的证据极具说服力,正如呈堂供词一般,但这里我们并不在法庭上("对于一位不是因为非法行为而接受调查,且只是单纯地不想透露自己身份的女作家,侵犯她的隐私属于合法行为吗?这种做法是可耻的!"——E/O 出版机构的桑德拉·弗里在被问及自己的看法时,这样回答),真要说的话,我们是在普拉齐乌斯的图书馆内,最后一切都取决于使用了笔名的书籍的说服力和旨意。躲在费兰特身后的"上帝",暂时还不愿意露出真容。

"亲爱的桑德拉",埃琳娜·费兰特在 1991 年致桑德拉·奥佐拉的公开信(她与桑德拉·弗里同为 E/O 出版机构创办人,这封信现被收录于费兰特的散文集《碎片:一位作家的旅程》)中写道:"我只能告诉你,这是我和自己、和自己的信念下的一个小赌注。我相信,书一旦写就,便不再需要它们的作者。如果它们有话想说，它们早晚会找到读者；如果没有，则不会有读者。之前有很多先例。我非常喜爱那些神秘书卷，古老的和现代的都喜欢，虽然没有确切的作者，但是它们本身一直以来并且还将继续拥有强健的生命力。在我看来，它们像是一种夜间奇迹，就像是贝法纳女巫〔贝法纳女巫是在主显节（1月6日）前夜给好孩子送来礼物的老妇人——就像圣诞老人〕的礼物，我曾在孩提时代等待着礼物的降临。我兴奋地上床睡觉，早上醒来时礼物就出现在那里，但是没有人见到过贝法纳……（所谓真正的奇迹，它的创造者永远不会被人知道；它们可以是家中的神秘精灵这种很小的奇迹，或是能让我们确实感到震惊的伟大奇迹。）不管是大是小，我始终有点儿孩子气地希望有奇迹出现。"

从那以后，费兰特似乎再未改变过主意。她的秘密，仍然保留在她的心中，即便有大量的文献学调查。在加蒂的调查之后，关于作品是与斯塔诺恩合著的猜想并未被完全推翻。这个假设是由瑞士马蒂尼大学"OrphAnalytics"项目的研究人员提出的，他们采用了一种所谓的"测绘法",即将文本拆解成最小部分并对文本分布进行分析的统计方法。2016年10月,巴勒莫大学一个名为"纸镜"的实验室以西莫内·加托那篇极具说服力的文章为依托,提出相同的观点。然而,此时能做的只有等待图书馆面具间嘉宾的决定:她可能会坐在双面人加里身边,即阿雅尔-拉哈(Ajar-Raja),一张具有预言性的双重面具,结尾与开头遥相呼应,这是"作者—功能"理论的胜利。

从埃琳娜·费兰特为英国版的简·奥斯汀的《理智与情感》所写的引言来看,她不一定会选择这个座位。"在简·奥斯汀短暂的一生中,她以匿名的方式发表,让当时只有十五岁的我极为震惊",费兰特向英国读者如此解释,她接着又补充说,当时的她还无法欣赏这些小说,重新拾起是自己20岁的时候,"从那一刻起,我不仅深深爱上了她所写的一切,对她的匿名更是感到兴奋不已"。

图书在版编目（CIP）数据

你不知道我是谁：为什么全世界的大作家都爱用笔名 /（意）马里奥·鲍迪诺著；徐嘉娜译. -- 北京：北京联合出版公司，2022.7
ISBN 978-7-5596-5667-4

Ⅰ.①你… Ⅱ.①马… ②徐… Ⅲ.①作家—生平事迹—世界 Ⅳ.①K815.6

中国版本图书馆CIP数据核字（2021）第220230号

你不知道我是谁：为什么全世界的大作家都爱用笔名

作　　者：[意] 马里奥·鲍迪诺（Mario Baudino）
译　　者：徐嘉娜
出品　人：赵红仕
出版监制：刘　凯　赵鑫玮
选题策划：联合低音
特约编辑：杨　静
责任编辑：高霁月
封面设计：重命名
内文排版：黄　婷

关注联合低音

北京联合出版公司出版
（北京市西城区德外大街83号楼9层　100088）
北京联合天畅文化传播公司发行
北京美图印务有限公司印刷　新华书店经销
字数93千字　787毫米×1092毫米　1/32　7印张
2022年7月第1版　2022年7月第1次印刷
ISBN 978-7-5596-5667-4
定价：49.80元